나는 왕건이다

1판 1쇄 인쇄 | 2025년 8월 11일
1판 1쇄 발행 | 2025년 8월 18일

지 은 이 | 박선욱
펴 낸 이 | 천봉재
펴 낸 곳 | 일송북

주　　소 | 서울시 성북구 성북로 4길 27-19
전　　화 | 02-2299-1290~1
팩　　스 | 02-2299-1292
이 메 일 | minato3@hanmail.net
홈페이지 | www.ilsongbook.com
등　　록 | 1998.8.13(제 303-3030002510020060000049호)

ⓒ박선욱 2025
ISBN 978-89-5732-355-7(03800)
값 14,800원

※ 잘못된 책은 구입처에서 교환해 드립니다.

중세

통일 왕조의 군주로 우뚝 선 온건한 지도자

나는 왕건이다

박선욱 지음

나는 **왕건**이다

10세기 한반도의 분열을 딛고
통일국가 고려를 개국한 창업 군주

"나는 후삼국 통일을 위한 최후의 전쟁에서 승리한 뒤 고려를 건국했다. 고구려 계승 의지를 선포하며 북방정책을 펼쳤고 백성들의 구휼에도 힘썼다. 발해 유민들을 끌어안고 지방 호족들을 통합하여 민족의 융합과 동질성 회복을 위해 최선을 다했다."

- 왕건이 독자에게 -

서문

한국을 만든 인물 500인을 선정하면서

일송북은 한국을 만든 인물 5백 명에 관한 책들(5백 권)의 출간을 기획하여 차례대로 펴내고 있습니다. 이는 긍정적이든 부정적이든 우리 역사에 뚜렷한 족적을 남긴 인물들의 시대와 사회를 살아가는 삶을 들여다보고 반성하며, 지금 우리 시대와 각자의 삶을 더욱 바람직하게 이끌기 위해서입니다. 아울러 한국인의 정체성은 무엇인가를 폭넓고 심도 있게 탐구하는, 출판 사상 최고·최대의 한국 대표 인물 콘텐츠의 보고(寶庫)가 될 것입니다.

한국 인물 500인의 제목은 「나는 누구다」로 통일했습니다. '누구'에는 한 인물의 이름이 들어갑니다. 한 인물의 삶과 시대의 정수를 독자 여러분께 인상적·효율적으로 전할 것입니다. 무엇보다 지금 왜 이 인물을 읽어야 하는가에 충분히 답해 나갈 것입니다.

이번 한국 인물 500인 선정을 위해 일송북에서는 역사, 사회, 문화, 정치, 경제, 국방, 언론, 출판 등 각 분야의 전문가들로 선정위원회를 구성했습니다. 선정위원회에서는 단군시대 너머의 신화와 전설쯤으로 전해오는 아득한 상고대부터, 아직도 우리 기억에 생생한 20세기 최근세까지의 인물들과 그 시대들에 정통한 필자를 선정하고 있습니다.

우리는 지금 최첨단 문명시대를 살고 있습니다. 인터넷으로 실시간 글로벌시대를 살고 있으며 인공지능 AI의 급속한 발달로 인간의 정체성마저 흔들리고 있음을 절감하고 있습니다.

이러한 때일수록 인간의, 한국인의 정체성이 더욱 절실히 요구되고 있습니다. 그 정체성은 개인과 나라의 편협한 개인주의나 국수주의는 물론 아닐 것입니다. 보수와 진보 성향을 아우르는 한국 인물 500인은 해당 인물의 육성으로 인간 개인의 생생한 정체성은 물론 세계와 첨단 문명시대에서도 끈질기게 이끌어나갈 반만년 한국인의 정체성, 그 본질과 뚝심을 들려줄 것입니다.

차 례

서문 ··10

책머리에 ··16

1장.

7세기의 국제전과 남북국시대 ··· 26
견훤의 후백제 건국 ··· 32
비운의 왕자 ··· 41
도읍지 철원 ··· 47
용의 후손 ··· 53
발어참성 성주 왕건 ··· 65

2장.

궁예의 후고구려 건국 ··· 78
첫사랑 ··· 89
금성군 점령 ··· 99
양주성 싸움 ··· 106
대(大)동방국 마진 ··· 112
철원 재천도 ··· 122

3장.

첫 번째 결혼 ··· 136

수덕만세 태봉국 … 146
덕진포 해전 … 153
능창의 최후 … 162
두 번째 결혼 … 170

4장.

일인지하 만인지상 … 178
무주 진격 … 184
관심법 … 190
왕건의 고려 건국 … 199
반란, 그 이후 … 204

5장.

조물성 전투 … 212
공산 전투 … 220
고창 전투와 운주성 전투 … 227
일리천 전투와 후삼국 통일 … 233
황제국 고려의 등장 … 243
나는 왕건이다 … 249

책머리에

 인공지능 시대가 활짝 열린 오늘날 1천 년 전의 인물인 왕건은 우리에게 어떤 의미를 지니는 것일까? 그가 태어난 시기는 신라 하대의 분열상이 극한으로 치달아가던 혼란기였다. 중앙 정부의 행정력이 무너지자 지방의 권력자들이 성주나 장군을 자처하며 독자적인 호족 세력으로 등장하던 군웅할거 시대였다.

 바로 이 무렵 견훤, 궁예, 왕건은 각각 세력을 떨치며 후삼국시대를 열어간 주역들이었다. 견훤과 궁예가 후백제와 후고구려를 건국해 제왕으로 등극할 때, 왕건은 궁예의 휘하에서 전쟁터를 누비는 일개 장수에 지나지 않았다. 하지만 그는 최후의 순간에 이르러 후삼국시대를 마감하고 삼한일통을 이룩한 주인공이 되었다.

그렇다면 그는 어떻게 제2인자에서 후삼국 통일의 대업을 완수하게 되었을까? 오랜 시간의 갈피를 열어보는 동안 당대의 상황을 주도적으로 극복한 왕건의 발자취를 따라가게 되었다. 그 발자취를 더듬다 보니, 후삼국시대의 거센 격랑 속에서 고뇌하고 부대끼다가 끝내 자신이 꿈꾸던 세상을 구현해 낸 한 인물상과 만나게 되었다.

왕건의 집안은 선대부터 예성강 유역을 자유롭게 드나들며 여러 나라와 교역하면서 부를 일군 해상 세력이자 송악 땅을 지배한 호족 가문이었다. 그는 또한 패서 지역 사람들의 공통분모인 고구려 유민의 정체성을 지닌 인물이었다.

그는 유력한 호족의 아들로 태어났다. 하지만 평생을 꽃길만 걷지는 않았다. 오히려, 약관의 나이에 궁예 휘하의 장수가 된 뒤부터 험한 전쟁터를 누비는 역전의 용사로서 평생을 보내게 되었다. 젊을 때는 궁예를 도와 고구려의 옛 땅을 되찾겠다는 이상을 위해 싸웠고, 장년이 되어서는 후삼국을 통합해 삼한일통의 위업을 달성하려는 원대한 야망을 위해 한 몸을 바쳤다.

그에게는 송악 사람들이 공통으로 염원하던 고구려 계승 의지가 있었다. 한때 그는 궁예 정권에서 요동벌을 회복하고자 하는 강렬한 꿈에 사로잡혔던 청년 장군이었다. 하지만 궁예가 송악에서 철원으로 천도하며 국호를 마진과 태봉으로 변경하자, 그 꿈이 허상으로 바뀌는 것을 경험해야 했다.

왕건은 태봉국의 일인지하 만인지상의 시중이 되었을 때 오히려 위기를 느꼈다. 오랫동안 믿고 우러러보던 궁예는 관심법으로 수많은 대신을 처단한 폭군이 되어 있었다. 죽음의 위협이 상존하는 괴로운 시간을 보내면서 왕건은 차라리 전쟁터에서 적들과 싸우는 것이 낫다며, 변방의 격전지로 나가는 것을 자원하기도 했다.

마침내 신숭겸, 복지겸 등이 찾아와 폭군을 폐위할 것을 주장하는 순간에도 왕건은 충의를 앞세워 모반을 거절하는 단호함을 보였다. 하지만 왕건은 장수들의 거듭된 요청과 갑옷을 들고 온 첫째 부인 류씨의 권유를 받아들여 반정에 앞장서 고려를 건국하고 황제로 등극하였다.

왕건은 즉위하자마자 도처에서 들고 일어나는 반란 세력을 진압해야 했다. 시시때때로 침공하는 견훤의 후백제군과도 늘 맞서 싸워야 했다. 왕건은 신라를 돕고자 친히 군사를 거느리고 공산 전투에 나섰다가 생사가 오가는 위기에 처하기도 했다. 그 와중에 충신 신숭겸이 왕건을 피신시키고 싸우다 전사하는 참담한 일까지 겪었다.

왕건은 강건한 후백제와는 맞서면서도 허약한 신라를 돕는 데는 최선을 다하는 억강부약의 정책을 펼쳤다. 그의 실리 외교는 신라인들의 신뢰를 얻고 호족들의 지지와 응원을 받는 효과로 이어졌다. 신라를 멸도라 부르며 중오하던 궁예, 경애왕을 자결하게 만든 견훤과는 대조적인 태도였다. 이러한 왕건의 정책은 후삼국을 통합하는 원동력이 되었다.

왕건의 가장 큰 미덕은 그의 포용력이었다. 견훤은 왕건에게 처절한 패배를 안겨주었던 최대의 숙적이었다. 하지만 후백제 내부의 분열로 폐위된 견훤이 금산사에서 탈출해 고려로 귀부하자 왕건은 두 팔 벌려 그를 받아주었다. 그를 상보(尙父)로 존대하며 깍듯하게 예우해주기까지 했다. 아자개, 신라 경순왕, 고려 건국 이후 한동안 명주를 움켜쥐고 버티던 김순식 등이 고려로 귀부해 온 것은 모두 왕건의 포용력에 감응했기 때문이다. 왕건은 피 흘려 싸우지 않고도 이들이 가진 영토와 세력을 감싸 안는 지도력을 보여주었다.

후삼국 통일의 대업을 달성한 뒤에는 그가 평소 배우고 익혔던 옛 성현들의 가르침을 좇아, 자신만의 통치 철학을 국정 운영에 쏟아부었다. 왕건은 맨 먼저 애민정신을 바탕으로 조세 정책과 구휼 정책을 펼쳤다. 먼저, 관리들에게 조세는 10분의 1만 걷으라고 엄중하게 명했다. 동시에, 봄철 보릿고개 때 곡식을 빌려주고 가을철에 갚도록 하는 흑창 제도를 시행했다. 골품제 사회에서 탐학한 관리와 귀족들로부터 이중으로 착취당하던 백성들의 고충을 덜어주자는 취지였다.

대외적으로는 북진 정책을 펴서 옛 고구려의 땅을 수복하고자 하는 원대한 이상을 실현하고자 했다. 그것은 자신의 뿌리를 찾고 조상들의 얼을 되살리는 일일 뿐만 아니라, 고구려 계승 의지를 선언적으로 선언하는 일이기도 했다. 대내적으로는 숭불 정책을 펴서 오랜 전란으로 고통을 겪고 있는 백성들을 종교의 힘으로 보듬으려 노력했다. 이는 40여 년 동안 전쟁터를 누비며 숱한 인명이 살상되는 모습을 지켜본 인간으로서, 그 업보를 불심으로 씻으려는 참회의 몸짓을 하는 것이기도 했다.

왕건이 남긴 빛과 그림자를 한 조각씩 맞춰 가면서, 놓쳐서는 안 될 몇 가지 사항이 있음을 알게 되었다. 그는 적장이라 할지라도 유능한 자라면 인재로 쓰고자 했다. 수전에 능해 수달이라는 별호를 갖고 있던 능창의 경우가 그러했다. 또한, 훌륭한 인품과 덕을 지닌 인물을 곁에 두고 배우고자 하는 마음이 있었다. 선각 대사 형미의 경우가 그러했다. 그러나 둘 다 궁예가 죽임으로써 그 뜻을 이루지 못했다.

왕건이 가장 역점을 기울인 것은 후삼국의 분열을 하나로 꿰어맞추는 일이었다. 지방 호족들의 통합을 위해 그는 혼인정책이라는 기발한 발상을 실천에 옮겼다. 스물아홉 명의 부인을 둔 것은 이 때문이었다. 삼한일통을 위한 포용 정신이 그 바탕에 있었다. 그의 노력 덕분에 각 지방에 산재한 호족 세력들이 중앙 정부에 연합하는 형태로 협조하는 데에 이르게 되었다.

왕건은 호족들을 포용하고자 할 때는 폐백을 후하게 주고 도리어 자신을 낮추는 자세를 유지하는 중폐비사(重幣卑辭) 정책을 폈다. 호족들이 군사적으로 반발하거나 대항하면 강력한 진압정책을 펼쳤지만 호족들의 협조를 유도할 때는 회유정책을 썼다. 왕건은 진압정책과 회유정책을 병행하면서 각지의 호족들을 포섭하고 융화하면서 고려라는 하나의 나라로 이끌어가는 대화합의 경륜을 펼쳤다. 겸양의 정신을 바탕에 둔 결과였다.

왕건은 외세와 결탁하지 않고 삼한을 통일한 지도자였다. 당당하게 자주 의식을 드높이며 북방의 고토 수복을 위한 열망을 국가의 이념으로 삼았던 진취적인 군주였다. 그는 후삼국을 통일하는 과정에서 강화된 군사력, 용병술, 외교적 역량 등 막강한 국력을 만방에 떨쳤다. 『남당서 권18』 고려 항목에 "고려의 왕건(王建)이 신라와 백제를 격파하니, 왜(倭)·탐부(耽浮)·환어라(驩於羅)·철륵(

鐵勒) 등 동이(東夷)의 여러 나라[諸國]가 모두 두려워하여 고려의 속국이 되었다."라는 기록이 보일 정도로 고려는 주변국들이 머리를 조아리고 조공을 바치는 황제국으로 우뚝 섰다.

왕건은 후삼국의 어수선한 혼란을 바로잡으며 고려라는 새로운 통일 왕조를 열어젖힌 창업 군주였다. 그는 고구려를 계승하겠다는 의지를 표명하며 발해 유민들을 거두어들였다. 옛 고구려의 수도인 서경(평양) 개척과 북진 정책을 병행하면서 동북 지방의 영토 확보에도 주력했다. 반면, 거란을 적대하는 정책을 일관되게 추진하는 과단성을 보였다.

왕건은 온유함과 포용력으로 신라와 후백제의 영토뿐만 아니라 그 안에 담긴 전통과 문화를 통합하는 쾌거를 이루었다. 왕건의 후삼국 통일은 전쟁으로 얼룩진 상처를 봉합하고 진정한 민족통일로 승화시킨, 10세기 전반부의 위대한 업적이 아닐 수 없다. 제2인자로서 불가능한 꿈을 꾸었으되, 그것을 끝내 실현한 왕건을 다시금 떠올리는 것은 바로 이 때문일 것이다.

1장

7세기의 국제전과 남북국시대

 서기 7세기의 한반도와 요동은 고구려, 백제, 신라, 당나라가 뒤엉킨 국제전의 무대였다. 본디 신라와 당나라는 동맹을 맺을 당시, 나당 연합군이 고구려와 백제를 멸망시킨 뒤 신라가 대동강 이남에서 원산만까지의 영토를 차지하는 데 서로 합의한 바 있었다. 이즈음 마지막 성골 출신의 진덕여왕이 죽자 태종 무열왕 김춘추가 진골 출신으로는 최초로 왕위에 올랐다. 이때부터 무열왕계의 중대(中代) 신라가 시작되었다.

 나당 연합군은 660년에 백제를, 668년에는 고구려를 각각 멸망시켰다. 당나라는 평양성에 안동도호부를 설치하고 2만여 명의 병력을 주둔시켜 신라마저 직접 통치하려

했다. 이에, 신라는 한반도를 통째로 집어삼키려고 발톱을 드러낸 당나라군과 최후의 결전을 치러야 했다.

670년 3월, 신라군 1만 명과 고구려 유민군 1만 명으로 구성된 연합군이 압록강을 건너 요동 지역의 당나라 진지를 선제공격하면서 나당전쟁이 시작되었다. 675년 9월, 신라군은 천성 전투에서 설인귀의 당나라군을 물리쳤고, 이어서 매소성 전투에서 크게 승리했다. 676년 겨울, 신라는 기벌포 해전에서 설인귀가 이끄는 당나라 수군을 전멸시켰고, 그 결과 당나라군을 이 땅에서 완전히 몰아내는 데 성공했다.

그로부터 22년 후인 698년, 고구려의 옛 귀족 출신의 장수인 대조영이 동모산에서 고구려를 계승한 발해를 건국했다. 지배층인 고구려 유민과 피지배층인 말갈족이 혼재된 발해는 예맥족 특유의 온돌 문화, 고구려 미술 양식이 고스란히 온존된 생활 습속까지 녹아 있는 고구려의 계승 의식을 뚜렷이 표방한 국가였다. 이로써 한국 역사에서 북만주 일대를 비롯해 서아무르 유역까지 지배한, 북국인 발해와 한반도를 지배한, 남국인 신라가 약 230년간 공존하는 남북국시대가 열렸다.

중대 신라는 문무왕의 맏아들인 신문왕 대에 와서 김흠돌의 모반 진압과 녹읍 폐지를 통해 진골 귀족들의 세력을 억누르며 전제왕권을 강화했다. 또한 국학을 설립하고 중앙정치 조직을 14부로 정비하는 등 통치체제를 완전히 정비했다. 신문왕은 9주 5소경의 지방제도, 9서당 10정의 군사제도를 시행하는 한편 아버지인 문무왕을 위해 감은사지 석탑을 건립하는 데도 힘을 쏟았다.

고구려와 백제, 신라의 문화가 한데 어우러지며 융합된 중대 신라는 당나라와 이슬람 권역에까지 알려질 정도로 영향력이 컸다. 하지만 전성기와 안정기를 거쳐 번영을 누리던 신라 사회는 8세기 후반 들어 흔들리기 시작했다. 소수의 진골 귀족들이 권력을 독점하면서 왕권을 위협하는 세력으로 부상했다. 세력이 커진 귀족들의 반발을 제압하지 못한 경덕왕은 급기야 녹읍을 부활시키기에 이르렀다.

녹읍은 토지 그 자체일 뿐만 아니라 국가가 인정한 조세와 공납을 징수하는 수조권의 원천이기도 했다. 귀족들은 국가로부터 부여받은 녹읍(토지)에 살고 있는 농민들을 동원해 농토를 경작하며 부를 쌓았다. 나아가, 그 농민들을 사병으로 거느리는 권한까지 가졌다. 시간이 지날수록 귀족들의 세력은 더욱 커졌다. 몸집이 커진 귀족들은 왕권과 종종 충돌했다. 귀족들 간의 권력 쟁투도 더욱 심해졌다.

신라는 철저한 계급 제도인 골품제 때문에 능력 있는 인물이라 할지라도 품계가 낮으면 높은 관직에 오를 수 없는 폐쇄적인 사회였다. 불평등한 사회 구조가 굳어지면서 백성들에 대한 귀족들의 착취와 횡포도 매우 심했다. 귀족들은 능력이 없더라도 고위직에 올라 온갖 혜택을 누렸다. 반면, 6두품은 재능이 출중해도 높은 관직에 오를 수 없었다. 이 때문에 6두품의 뛰어난 인재들 가운데 아예 신라를 떠나는 이도 많아졌다.

8세기 후반 무렵부터 사회가 극도의 혼란에 빠졌다. 765년, 경덕왕 사후 그의 맏아들인 혜공왕이 여덟 살에 즉위했으나 모후인 경수태후가 섭정했다. 그의 재위 기간에는 지진이 발생하거나 겨울 가뭄이 드는 등 천재지변

이 연이어 발생했다.

이즈음 일길찬 대공과 그의 동생인 아찬 대렴이 반란을 일으켰다. 신라 왕도와 5도 주군의 96각간이 서로 싸우는 혼란기에 대아찬 김융, 이찬 김은거, 이찬 염상과 시중 정문이 반란을 일으켰다. 잇따른 귀족들의 난으로 온 나라가 대혼란에 빠졌다.

9세기의 진성여왕 대에 와서 신라는 본격적으로 쇠퇴기에 접어들었다. 즉위 초에는 선정을 베푸는 듯하던 진성여왕은 숙부인 상대등 위홍과 연인관계가 된 이후에는 정사를 제대로 돌보지 않았다. 위홍의 죽음 이후에는 미청년들과 음란한 관계를 유지하며 그들에게 마구 벼슬자리를 주었다. 그 무렵, 나라에 큰 가뭄이 들어 백성들의 삶이 피폐해졌다. 여러 지방에서 바치는 세금이 들어오지 않아 국가의 곳간이 텅텅 비었다.

진성여왕은 각 지방에 관리를 파견해 세금을 내놓으라고 윽박질렀다. 중앙 정부와 지방 관리들에게 이중으로 세금을 뜯기던 백성들은 참다못해 반란을 일으켰다. 이를 계기로 전국에서 도적 떼가 들끓게 되었다.

889년, 사벌주(지금의 상주)에서는 조세 징수에 불만을 품은 원종과 애노가 농민 반란을 일으켰다. 조정에서는 나마(奈麻) 직위의 영기(令奇)에게 난을 진압하라고 명령했다. 영기는 중앙군을 지휘하며 나아갔으나 노도처럼 밀려오는 농민군의 세력에 눌려 공격을 하지 못했다. 영기 대신 촌주(村主) 우련이 용감하게 싸우다 전사했다. 조정에서는 군법에 따라 영기의 목을 베었고 열 살에 불과한 우련의 아들에게 촌주의 직위를 잇도록 했다.

  원종 애노의 난은 신라를 걷잡을 수 없는 혼란의 지경에 빠지게 했다. 난이 진압된 뒤 전국에서 장군을 자처하는 자들이 나타나 활개를 쳤다. 그들은 모두 호족 세력이 되었다. 896년, 신라 서남쪽에서는 붉은 바지를 입은 적고적 무리가 반란을 일으켜 혼란이 더욱더 가중되었다. 신라의 왕권은 급격히 땅에 떨어졌다. 행정기구는 마비되었다. 지방의 호족들은 저마다 중앙으로부터 분리 독립해 나갔다.

견훤의 후백제 건국

 나라가 혼란해지자 죽주(지금의 경기도 안성)에서는 기훤이, 북원(지금의 강원도 원주)에서는 양길이 각각 독자 세력을 형성했다. 그들과 더불어 견훤, 궁예, 왕건이 각각 등장하여 자웅을 겨루는 후삼국시대가 열렸다.

 아자개는 선조들 가운데 어느 대에서 사벌주 가은현(지금의 문경시 가은읍)으로 이주한 뒤 대대로 눌러살며 자연스레 호족이 되었다. 넓은 토지를 소유한 아자개는 각지에서 민란이 일어나고 도적 떼가 들끓을 때 재산을 지키고자 집안의 종복들을 무장시켰다.

 민란으로 세상이 어지러워지자 그는 사불성을 점령하고 사불성 장군을 자처했다. 사불성은 병풍산 자락에 자리 잡은 고대 사벌국의 성이었다. 성주가 된 아자개는 주변의 여러 고을을 무력으로 장악하면서 세력을 키웠다.

아자개에게는 상원부인과 남원부인 등 두 명의 부인이 있었다. 867년, 아자개와 첫 부인 상원부인에게서 맏아들이 태어나니 그가 바로 견훤이었다. 상원부인은 아래로 차남 능애, 장녀 대주도금 등 삼 남매를 낳았고 후처 남원부인은 용개, 보개, 소개 등 삼 형제를 두었다. 견훤은 어려서부터 몸집이 단단했고 커갈수록 체격이 크고 용모가 뛰어났다. 소년기를 지나게 되면서 담력과 용력이 더욱 출중해지고 기개가 높아져 주위 사람들을 놀라게 했다.

세월은 빠르게 흘러 견훤의 나이도 어느덧 스물이 되었다. 청년 견훤은 큰 뜻을 품고 서라벌의 중앙군에 들어가 군인이 되었다. 그 무렵 서남해 일대에서는 해적들이 자주 출몰해 마을들을 약탈했다. 이 문제로 골머리를 앓던 조정에서는 견훤에게 해적들을 소탕하라는 명령을 내렸다.

서남해의 방수군(防戍軍)이 된 견훤은 용맹했다. 육척 거구의 그는 늘 창을 베고 자면서 적을 기다릴 만큼 기백이 넘쳤다. 전투가 벌어지면 그는 늘 맨 앞에서 싸웠다. 그가 칼을 휘두르면 적들이 가랑잎처럼 쓰러졌다. 창을 휘두르면 가로막는 것들이 검불처럼 흩어졌다.

그의 용맹함을 알아본 상관은 견훤을 비장(裨將)에 임명했다. 일개 병사에서 한 부대를 통솔하는 어엿한 지휘관이 된 것이다. 그는 서남해 해안 일대의 해적들을 물리쳤을 뿐만 아니라 중앙 정부에서 이탈한 호족 세력까지 평정했다.

그의 명성을 들은 무리들이 여기저기서 모여들었다. 경주의 서남쪽 주현을 공격한 후에는 그가 가는 곳마다 백성들이 뒤를 따랐다. 그들 중 상당수는 견훤의 군사가 되었다. 훈련을 끝내고 임시 막사에서 쉬던 병졸 몇이 둘러앉아 잡담을 했다.

"여보게! 우리 장군님에 관한 유명한 일화가 있다네. 들은 적 있는가?"

평생 쟁기질만 하다가 난생처음 병장기를 손에 쥐게 된 농민 하나가 동료에게 말했다.

"그래, 어떤 이야기인가?"

동료가 궁금한 표정으로 물었다.

"아자개 성주님이 젊었을 적 아내와 더불어 들에서 밭을 갈고 있을 때였다네. 아내는 강보에 싸인 아이를 나무 아래에 두고 새참을 나르러 갔지. 밥을 날라 오다가 보니 집채만 한 호랑이가 아기 앞에 웅크리고 있어 기겁했다지 뭔가? 그런데 자세히 보니 호랑이가 아이에게 젖을 먹이고 있었다는구먼."

"그 아이가 바로 우리 견훤 장군님이라는 거지?"

"그렇지."

"호랑이 젖을 먹고 자란 견훤 장군님은 다부진 체격의 사나이로 자라났고, 어느덧 천하를 호령하는 준걸이 되셨으니, 어찌 우리의 자랑이 아니겠나?"

"암, 장군님을 모시는 게 이토록 마음 든든한 일인 줄 몰랐네그려."

견훤은 사담을 나누는 군졸들조차 우러러보는 대상이 되었다. 가는 곳마다 백성들이 뒤를 따르자 견훤은 깊은 고민에 빠졌다.

'지금이야말로 내가 뜻을 펼칠 때인가?'

나당전쟁이 끝나고 2백여 년의 세월이 흐르는 동안 왕실과 귀족들은 사치와 방탕을 일삼았다. 신라 왕경(王京)인 경주에는 금을 입힌 대궐 같은 기와집들이 수십여 채에 달했다. 쇠드리댁 혹은 금드리댁이라 불리는 금입택을 소유한 진골 귀족들의 호화스러움은 끝이 없었다. 귀족이나 관리들에게 짓밟히는 백성들은 견디다 못해 집을 떠날 수밖에 없었다. 그들은 거지꼴로 방방곡곡을 다니며 빌어먹거나 도적 떼가 되었다. 이는 자신의 두 눈으로 똑똑히 보았던 사실들이었다.

견훤은 희망이 사라진 신라 대신 새로운 나라를 세울 결심을 했다. 그는 백방으로 군사를 모으면서 이렇게 말했다.

"지금 신라의 왕족과 귀족들은 백성의 아픔을 외면하고 있다. 아니, 백성들이 굶주림에 지쳐 죽어가건 말건 관심조차 두지 않고 있다. 그들은 그저 날마다 흥청망청 향락에 빠져 헤어 나올 줄 모르고 있다. 우리는 탐욕과 쾌락만을 추구하는 이 썩어빠진 자들을 몰아내야 한다. 나와 뜻이 같다면 모두 내게로 오라!"

그의 말은 사람들의 마음을 사로잡았다. 그가 외치는 말을 듣고 함께 하겠다는 사람들이 의외로 많았다. 이에 용기백배한 견훤은 곧 군대를 이끌고 무주(武州)를 점령했다. 옛 백제 시기에는 무진주였다가 757년(신라 경덕왕 16년)에 명칭이 무주로 바뀐 곳이었다.

견훤의 군대가 여러 성읍을 휩쓸자 무주 동남쪽의 군현이 모두 그에게 항복했다. 이때 견훤은 무주의 성주 지훤, 순천 출신의 박영규를 사위로 삼았다. 여기에 인가별감 김총까지 모두 견훤의 휘하에 모여들어 충성을 맹세했다.

892년, 스물여섯 살의 청년 견훤은 그동안 가슴 깊이 숨겨둔 생각을 휘하의 장수들과 병사들 앞에서 밝혔다.

"부패하고 탐학한 관리들을 몰아내고 백성들이 잘사는 새로운 나라를 만들고자 한다!"

견훤의 말에 모두들 깊이 공감해 마지않았다. 그는 곧 무리의 추앙을 받으며 무주에서 임금이 되었다. 그러나 도읍지 내에서만 왕을 칭했고 대외적으로 서명할 때는 신라 서면도통지휘병마제치 지절도독전무공등주군사 행

전주자사 겸 어사중승 상주국 한남군개국공 식읍 이천 호를 칭했다. 독자 세력을 형성했는데도 대외적으로는 자신을 낮춰서 도독(都督)의 지위에 있음을 천명한 것이다.

견훤은 자신의 말을 실천하기 위해 성의 곳간을 열어 백성들에게 곡식을 나누어 주었다. 그동안 신라의 포악한 관리들에게 빼앗겼던 것을 가난한 백성들에게 되돌려 준 셈이었다. 백성들은 쌀과 조, 옥수수, 감자, 콩 따위를 자루에 받아 들며 감격의 눈물을 흘렸다.

새로 나라를 세운 군주 견훤의 국량과 포부에 관한 소식은 들불처럼 번져나갔다. 이 소식을 듣고 사람들이 구름처럼 모여들어 열흘 만에 5천의 군사로 늘어났다. 이즈음 북원에서 도적 양길이 세력을 키울 때 기훤에게서 등을 돌린 궁예가 양길의 휘하로 들어갔다. 견훤은 양길에게 비장 직위를 주어 자신의 권능을 과시했다.

견훤은 무주를 기반으로 하여 세력을 확장하다가 북상한 뒤 완산주를 자신의 영토로 삼았다. 그가 백성들을 아끼고 인재를 귀히 여긴다는 소문은 이미 파다하게 퍼져 있었다. 5천의 정예 병력이 여러 고을을 차례로 장악하자

이를 이미 지켜보고 있던 완산주의 호족들은 스스로 백기를 들고 투항해 왔다. 완산주에 무혈입성한 견훤은 호남 지역을 통치했다.

900년, 완산주에 도읍을 정한 견훤은 국호를 후백제로 하여 나라를 세운 뒤 스스로 왕이 되었다. 견훤은 곧 완산주 동남쪽에 있는 승암산 꼭대기에 견고한 산성과 궁궐을 쌓았다. 완산주의 백성들은 서른네 살의 젊은 왕이 평화로운 새 시대를 열어줄 것을 기대하며 열렬히 호응해 주었다. 견훤은 즉위식에서 관리들에게 이렇게 말했다.

"당나라와 신라가 우리 조상들의 혼이 담긴 백제의 6백 년 역사와 전통을 무너뜨렸으니 어찌 원통하지 않겠는가? 이제 나는 옛 백제의 한을 풀고 그 옛날 의자왕의 치욕을 갚을 것이다!"

견훤의 말이 끝나자, 관리들은 저마다 가슴속 깊은 곳에서부터 치밀어 오르는 뜨거움을 느끼며 두 팔을 높이 들어 만세를 외쳤다.

완산주로 천도한 이듬해인 901년, 견훤은 신라의 대야성(지금의 경남 합천군)을 공격했다. 대야성은 신라의 왕경인 경주까지 가는 길목에 있었기 때문에 견훤의 후백제에 무척 중요한 곳이었다. 마찬가지로 신라로서도 결코 함부로 내줄 수 없는 전략적 요충지였다. 기운이 펄펄 나는 견훤이었지만 첫 번째 공격은 실패하고 말았다. 무너져 가는 나라라고 신라를 쉽게 보았으나 만만치 않은 저력을 간직하고 있음을 확인한 전투였다. 대야성 공격은 다음으로 미룰 수밖에 없었다.

견훤은 아쉬움을 달래기 위해 서남해안 인근의 금성군(錦城君)으로 군사를 돌려 그 주변의 여러 부락을 약탈하고 돌아갔다. 이때 금성군의 대호족 나총례가 궁예에게 구원을 요청했으나, 궁예는 양길과 싸우는 중이어서 그 요청을 들어주지 못했다.

비운의 왕자

869년, 신라 왕가에 서자 하나가 태어났다. 그 무렵 일관(日官)이 구중궁궐의 한 처소에 엎드려 왕에게 청원을 올렸다.

"이 아이는 가문을 멸족시킬 운명을 타고났사옵니다."

"그게 무슨 말이냐?"

"단옷날은 5가 거듭 들어 있는 날인데, 그런 날에 태어난 아이는 재앙을 몰고 옵니다. 아뢰옵기 송구하오나, 나라에 이롭지 않으니 반드시 죽여야 마땅하옵니다."

일관의 말을 들은 경문왕은 깊이 고민하다가 마침내 밀명을 내렸다. 명을 받은 중사(中使, 왕의 명령을 전하던 내시)가 후궁의 사가에 침입했다. 그는 포대기에 싸인 아이를 빼앗은 뒤 높다란 누각에서 아이를 던졌다. 마침 그 아래에 몰래 숨어 있던 후궁의 시녀가 아이를 받았는데 그때 잘못하여 손가락으로 아이의 눈을 찔렀다. 시녀는 그것도 모르고 정신없이 도망쳤다. 한쪽 눈이 멀게 된 아이의 이름은 궁예였다.

시녀는 궁궐을 빠져나가 외진 곳으로 몸을 피했다. 그곳에서 신분을 숨기고 온갖 허드렛일을 하며 궁예를 키웠다. 가난한 살림에 찌들고 아버지도 없이 살아가던 궁예는 설움이 컸다. 어릴 적부터 동네 아이들로부터 놀림을 받느라 상처가 깊었다. 동네 사람들로부터 멸시와 천대도 무척 많이 받았다.

다른 아이들 같으면 주눅이 들어 어깨도 펴지 못했을 테지만 궁예는 달랐다. 자신을 놀리는 녀석은 반드시 때려눕혀야 직성이 풀렸다. 눈을 부라리는 어른에게는 그 집에 찾아가 장독대를 깨뜨리며 씩씩대는 것으로 복수했다.

궁예는 열 살이 되도록 시녀의 말을 듣지 않고 노는 데만 정신이 팔려 있었다. 말썽꾼 노릇은 혼자 도맡아 했다.

위험한 행동까지 서슴없이 저질렀다. 급기야 마을 사람들의 노여움이 커져서 폭발할 지경이었다.

"애비 없는 호래자식일세! 웬 녀석이 저리도 미친 행동을 하여 동네를 발칵 뒤집어놓느냔 말이야? 에잉, 쯧쯧."

마을 어른들은 두셋씩 모이기만 하면 궁예 때문에 골머리를 앓는다며 쑥덕공론을 벌였다. 마을 분위기가 심상치 않음을 알게 된 시녀가 하루는 궁예를 앉혀 놓고 정색하며 말했다.

"나는 네 에미가 아니다. 본디 궁에서 너의 어머니를 모시던 시녀였단다. 너는 태어나자마자 왕실에서 버림받은 이 나라의 왕자이니라. 내가 너를 안고 밤도망을 쳐서 지금껏 힘겹게 키워 왔건만, 너는 허구한 날 장난질만 하며 복장 터질 짓만 골라 하고 있으니 참으로 야속하구나. 궁에서는 지금도 너를 찾아 죽이려고 눈이 벌게져 있는데, 장차 너에 대한 소문이 널리 퍼지면 너와 내가 무사할 성싶으냐? 이제 어떡하면 좋겠누?"

궁예는 그토록 알고 싶었던 탄생의 비밀과 마주한 뒤 어찌할 바를 몰랐다. 한동안 침묵을 지키고 앉았더니, 이

으고 뜨거운 눈물을 뿌리며 말했다.

"어머니! 그동안 저를 길러주셔서 고맙습니다. 제가 멀리 떠나 어머니께 화가 미치지 않도록 하겠습니다."

궁예는 주먹밥과 간단한 옷가지만 넣은 봇짐을 메고 집을 나섰다. 캄캄한 밤길을 걷고 또 걸어 도착한 곳은 치악산 근처의 세달사라는 작은 절이었다. 그곳에서 불목하니로 지내던 궁예는 스스로 선종이라는 법명을 짓고 중으로 살아갔다.

절집에는 승려들이 지켜야 할 예법과 규율이 있게 마련이었다. 하지만 궁예는 여기에 얽매이는 것을 싫어했다. 고기를 거리낌 없이 먹었고 예불드리는 일마저 소홀히 했다. 스님들은 궁예를 나무랐으나 들은 척도 하지 않았다. 하루는 이를 괘씸하게 여긴 스님들이 공양을 드리다 말고 궁예의 밥과 국을 엎으며 나무랐다.

"네가 절집에 와서 중의 도리를 다하지 않으니, 먹을 자격도 없다!"

스님에게서 호통을 들은 궁예는 말없이 우물가로 갔다. 잠시 후, 다시 온 궁예가 찬물 한 바가지를 방안에 확 끼

엎어 버렸다. 스님들은 난데없는 물벼락을 맞고 버럭 화를 냈다.

"네 이놈! 이게 무슨 짓이냐?"

궁예는 스님의 일갈에 눈 하나 깜짝하지 않고 말했다.

"밥에 물을 말아 먹으려고 그랬습니다."

그의 천연덕스러운 말을 들은 스님들은 말문이 막혔다. 그런 궁예도 무술을 가르쳐주는 스님에게는 깍듯이 대했다. 스님을 졸라 병법과 무예, 글을 배웠다. 궁예는 소년기를 지나면서부터 병법과 무예 실력이 크게 향상되었고, 불경을 술술 읽을 수 있게 되었다.

청년기에 접어든 궁예는 세달사를 떠나 속세로 나갔다. 그가 맨 처음 찾아간 곳은 죽주였다. 이곳에서 반란을 일으켜 군사를 모은 기훤은 적괴(賊魁)라는 별칭으로 불릴 만큼 세력이 컸다. 기훤은 자신의 휘하에 들어온 궁예를 함부로 대하면서 허드렛일이나 시켰다. 기훤의 부하인 신훤, 원회는 주군의 오만무례함과 난폭한 행동에 대한 걱정과 불만이 커져 갔다. 궁예는 그들과 자연스레 친해지며 속마음을 털어놓는 사이가 되었다.

이듬해, 의기투합한 세 사람은 기훤의 산채를 떠나 북원의 양길에게 가서 몸을 의탁했다. 양길은 기훤과는 달리 궁예의 인물 됨됨이를 알아보고 백여 명의 기병을 붙여 주었다. 궁예는 기병들을 거느리고 다니면서 여러 고을을 장악했다. 양길의 신임은 더 두터워져서, 6백여 명의 병사를 주면서 임무를 부여했다.

"지금 군사를 줄 테니, 그대는 즉시 동쪽으로 가서 신라의 영토를 공격하라!"

"예, 주군! 명을 받들겠습니다."

궁예는 그 길로 출정하여 군사를 이끌고 나아갔다.

도읍지 철원

치악산 석남사에 주둔한 궁예는 동남쪽의 주천(지금의 강원도 영월군 주천면)을 지키던 신라군을 무너뜨렸다. 계속해서 북쪽의 울오(지금의 강원도 평창)를 공략한 뒤 내성(지금의 강원도 영월군), 동해의 어진(지금의 경북 울진)을 차례로 쳐서 항복을 받아냈다. 이 소문을 듣고 사방에서 궁예를 따르는 군사들이 모여들었다.

892년, 궁예는 사기충천한 병사들을 거느리고 동해안을 따라 북상하면서 여러 읍성을 장악했다. 삼척을 거쳐 명주(지금의 강원도 강릉)로 진출하기까지 꼬박 2년여가 걸렸다. 명주는 김순식이라는 성주가 다스리고 있었다. 그는 오랫동안 명주를 다스리던 호족이었다. 그즈음 명주 쪽에 도적이 마을에 쳐들어와 약탈을 일삼았다. 바로 그때, 6백여 명의 군사를 몰고 온 궁예가 도적을 단숨에 일망타진하는 일이 벌어졌다. 궁예는 서신을 보내 김순식을 회유했다.

"그대가 나에게 귀부하면 지금처럼 명주를 다스리도록 해주겠다."

김순식은 궁예로부터 내밀한 허락을 얻어낸 뒤 성을 바치며 귀부했다. 궁예는 알토란 같은 명주 지역 일대를 피 한 방울 흘리지 않고 손아귀에 넣었다. 물론, 김순식에게는 명주를 다스리는 권한을 주었다. 이때 궁예의 병력은 단숨에 3천5백 명으로 불어났다. 그의 명성 또한 높아만 갈 때 그는 군제를 새롭게 편성했다.

"김대, 흔장, 장일, 검모, 귀평을 사상(舍上, 부장의 직위)에 임명한다. 그대들은 우리 병사 3천5백 명을 각기 14대(隊)로 나누어 편제하도록 하라. 나는 장군으로서 전 병력을 지휘하고 통솔할 것이다!"

장군을 자처한 궁예는 전투를 벌이는 동안 병사들과 똑같이 한뎃잠을 잤고 죽을 고비를 함께 넘겼다. 슬플 때 같이 눈물을 흘렸고 기쁠 때 더불어 어깨를 치며 웃었다. 병사들은 그에게 동지애를 넘어 우러르는 마음을 품었다. 이때부터 궁예는 새로운 세상을 열어가겠다고 결심했다.

궁예는 여러 성읍을 수중에 넣은 뒤에도 재물을 독차지하지 않았다. 휘하 장수들과 병졸에 이르기까지 공평하게 나누어 주었다. 군율을 어기는 자는 엄히 다스렸으며 공을 세운 장병들에게는 후한 상을 내렸다. 그의 행동거지는 일관되었고 사사로이 편법을 쓰지 않았다. 그의 군영에 속한 모든 자가 궁예를 두려워했으며 충성을 맹세하고 장군으로 받들었다.

그즈음 궁예는 부하들을 거느리고 남쪽으로 내려간 적이 있었다. 영주 부석사에 들러 예불을 마친 다음 나오려는데 왕의 화상을 그린 족자 하나가 벽에 걸려 있는 게 눈에 띄었다. 가까이 가서 들여다보니 전왕(前王)의 얼굴이 그려진 어진(御眞)이었다.

돌연, 궁궐에서 죽임을 당할 뻔했다가 겨우 살아나 비루하게 자랐던 자신의 과거가 섬광처럼 떠올랐다. 신라의 왕은 곧 자신을 저주하던 원수였다. 몸은 비록 신라에서 났지만 이제 새로운 나라를 일으켜 세우려는 장군으로서, 신라는 도저히 용납하지 못할 패역한 나라였다. 그는 이글거리는 눈빛으로 그림을 노려보더니 칼을 빼 들었다.

"신성한 사찰에 웬 썩어빠진 낯짝이 걸려 있는 것이냐? 내 반드시 신라를 멸도(滅都)로 만들고야 말리라!"

대웅전이 들썩할 정도로 일갈하더니, 궁예는 족자를 단칼에 내리쳐 난도질하고는 발로 지근지근 밟아 버렸다. 뜰에 늘어선 휘하 장수들과 군졸들은 궁예의 노여움에 불타는 외눈을 처음 보았다. 안광에서 불꽃이 번뜩이는 듯해 감히 아무도 쳐다보지 못했다.

894년, 명주를 장악한 궁예는 강원도의 여러 성을 공격해 함락하면서 위세를 더욱 떨쳤다. 궁예는 빠른 속도로 철원, 금성(옛 김화군 금성면), 성천(지금의 화천), 저족(인제), 부약(철원군 김화읍 일대) 등의 성들을 공략해 무너뜨렸다. 위기감을 느낀 양길은 앙숙이었던 기훤을 끌어안았다. 세력을 불린 양길은 강원도 남쪽의 어진까지 쳐들어와 궁예와 맞서게 되었다.

여러 지역의 군웅들이 들불처럼 일어나니 하대 신라는 그야말로 바람 앞의 촛불이었다. 894년, 신라의 병부시랑이던 최치원은 기울어가는 나라를 일으켜 세울 요량으로 시무십여조를 지어 진성여왕에게 바쳤다. 경직된 골품제도에 얽매이지 말고 6두품 유학 지식인을 관직에 폭넓게 등용해 줄 것, 국가 교육기관인 대학을 통한 유학 교육을 강화해 줄 것 등을 건의하는 내용이 뼈대를 이루고 있었다. 하지만 귀족들의 반발과 호족 세력의 발호로 인해 최치원의 문서에 담긴 개혁적인 의제는 현실 행정에 반영되지 않았다.

895년, 궁예는 양길과 당장 전투를 벌이는 대신 동해를 끼고 북쪽으로 진출했다. 태백산맥을 넘어 영서 지역으로 넘어간 뒤 금성(금화군), 성주(화천), 철원, 저족, 부약(금화)을 비롯해 10여 개의 군현을 점령했다. 명주의 전 지역을 손에 넣은 궁예는 철원을 도읍지로 삼았다. 이때 여러 관직을 설치하면서 나라의 기틀을 갖추어 나갔으며 동주산성을 치소(治所, 지역의 행정 사무를 맡아보는 기관이 있는 곳)로 삼아 그 안에서 정사를 돌보았다.

이듬해, 궁예가 경기도 부근을 지나 패서(지금의 황해도, 예성강 이북 지역)에 진출하자 그곳의 호족들이 하나 둘씩 투항해왔다. 이때 송악(지금의 개성)의 맹주로 군림하던 대호족 왕륭이 갓 스물이 된 아들 왕건과 함께 궁예에게 귀부했다. 하지만 염주(지금의 황해남도 연안군 지역) 일대를 지배하고 있던 유긍순은 귀부하지 않고 궁예에게 대항했다.

"유긍순! 네놈이 감히 나와 맞서겠다는 게냐?"

화가 치민 궁예는 군사를 이끌고 나아가 유긍순의 성을 무너뜨리고 염주 일대를 장악했다. 패서 지역을 모조리 석권한 궁예는 한산주까지 장악하면서 양길보다 훨씬 큰 세력을 일구게 되었다.

용의 후손

877년, 신라 한주의 송악군에서 사찬 벼슬을 하고 있던 송악의 호족 왕륭과 고구려계의 후손인 어머니 한씨 사이에서 왕건이 태어났다. 두 사람이 혼인하여 처음으로 얻은 아들이었기에 집안에서는 왕건을 귀하게 여겼다.

아버지는 어린 왕건에게 일찍부터 글과 무예를 가르쳤다. 아침마다 사랑방에서 어린아이의 글 읽는 소리가 낭랑하게 울려 퍼졌다. 낮에는 뒷마당에서 목검 휘두르는 소리가 났다. 어머니 한씨는 그러한 아들을 늘 대견하게 바라보며 미소를 지었다.

왕건의 아버지 왕륭 역시 고구려계 유민의 후예였다. 그는 예성강 유역의 유력한 호족으로서 오랫동안 송악 일대를 다스려왔다. 그는 넓은 토지와 수십 척의 상선을 보유한 거상이었다. 왕륭은 청년 시절부터 직접 배를 타고 중국을 비롯한 여러 나라와 해상무역을 하며 막대한 부를 축적했다.

선원 중에는 무술에 능한 자가 많았다. 상선을 전투용 전함으로 개조하는 것은 자연스러운 일이었다. 포구를 나서는 순간, 언제 어디서 습격해올지 모르는 해적들과 맞서기 위해서였다. 수행하는 하인들도 무술을 배워 해적들과 대적할 수 있는 실력을 갖추었다. 세월이 흐르는 동안 왕륭은 상권과 군사력까지 갖춘 해상 세력으로 부상했다.

왕건은 어려서부터 체격이 다부지고 총명했다. 커가는 동안 남다른 슬기로움까지 갖추게 되었다. 글공부를 마친 뒤에는 활터에 나가 활을 쏘았다. 심심하면 항구에 가서 배가 드나드는 광경을 지켜보기를 좋아했다. 아버지를 따라 배에 오르내리면서 파도를 타는 법, 노를 젓는 법, 해도를 익히는 법, 별을 보고 항해하는 법 등을 배우기도 했다.

어느 날, 아버지는 서책을 펼쳐 보이며 옛 성현이 한 말을 들려주었다.

"건아, 너도 언젠가는 세상에 나가 네 뜻을 펼칠 때가 올 것이다. 그때는 너 자신이 아니라 백성을 위해 네가 배운 것을 실천해야 한다. 만약 네가 높은 위치에 서게 된다면 이것만은 잊지 말아다오. 윗사람이 세금을 지나치게 많이 거두게 되면, 백성은 반드시 굶주리게 된다는 사실이다. 이는 내가 한 말이 아니라, 노자의 『도덕경』에 나오는 말이니라."

왕건은 아버지가 들려준 노자의 말씀을 마음속에 깊이 새겨두었다. 또한, 세상에 나아갈 때가 언제인지 곰곰 생각해 보았다.

아버지가 거느린 수하 중에는 무예 실력이 뛰어난 사람이 많았다. 그중에서도 가장 출중한 무사가 왕건에게 무술을 가르쳤다. 그는 칼을 다루는 법, 휘두르는 법, 찌르기, 베기 등을 가르쳤고 활쏘기도 처음부터 새로 가르쳤다. 열 살 무렵부터는 말 타는 법, 말 위에서 말 잔등 아래로 몸을 숨기는 법, 말 위에서 활 쏘는 법 등을 가르쳤다.

왕건의 무예 실력은 나날이 향상되었다. 그는 소년기를 지나면서 키와 체격이 부쩍 커지고 용모도 더욱 수려해졌다. 열다섯 살 때는 이미 장부다운 기상을 두루 갖추고 있어서 주변의 칭송이 자자했다.

어머니 한씨는 기억력이 비상했고 성격이 자상했다. 저녁을 먹은 뒤 짬이 나면 아들을 앉혀 놓고 조상님들에 관한 이야기를 자주 들려주었다. 어머니의 이야기는 먼 옛날의 설화처럼 구수하고 재미있었다. 때로는 손에 땀이 찰 만큼 아슬아슬했고, 때로는 귀가 솔깃해서 빠져들 만큼 흥미진진했다.

어머니의 이야기 속에서 왕건의 할아버지 작제건은 모험가였고, 나중에는 용왕님의 사위가 되기도 했다. 왕건은 한 번 듣더니 외울 정도가 되었다. 가끔 그 이야기 속 주인공으로 자기 자신을 대입해서 모험을 즐기기도 했다.

아직 총각이던 작제건은 어느 날 상선을 타고 당나라로 가고 있었다. 먼바다로 나가던 중이었는데, 별안간 바다 한가운데에서 배가 멈춰 서고 말았다. 아무리 노를 저어도 배는 꿈쩍도 하지 않았다. 모두 변고라도 당한 것처럼 얼굴색이 하얗게 변해 어쩔 줄을 몰라 했다. 그때 당나라 선원들이 외쳤다.

"점괘가 나왔다! 신라인을 바다에 던져야 해! 그래야 배가 다시 움직일 수 있어!"

선원들이 야단법석을 떨며 작제건을 가리켰다. 작제건은 그 말을 듣고 스스로 물속으로 뛰어들었다. 한참 깊은 물속으로 들어가니 갑자기 으리으리한 대궐이 나타났다. 거기서 물고기 신하들이 마중 나와 작제건을 용왕 앞으로 데려갔다.

"그대는 누구이며, 왜 용궁 세상으로 왔는고?"

"소인은 신라 사람이온데, 당나라로 가던 중 갑자기 배가 움직이지 않았사옵니다. 뱃사람들이 신라인을 용왕님께 바쳐야 배가 움직일 수 있다고 하기에, 소인이 자청해서 바다로 뛰어들었사옵니다."

"오! 그대가 몸을 바쳐서 뱃사람들이 무사했으니, 그 용기가 가상하도다. 그 아름다운 마음이 나를 감동시켰나니, 내 그대를 사위로 삼겠노라."

뜻밖의 말을 들은 작제건이 몸 둘 바를 몰라 하자, 용왕이 껄껄 웃으면서 딸 용녀를 작제건 곁에 서게 했다. 얼떨결에 용왕의 딸과 혼인하게 된 작제건은 용궁에서 꿈같은 시간을 보냈다. 그 후 용왕께 허락을 얻어 용녀를 데리고 다시 뭍으로 가게 되었다. 용왕은 작제건을 물 위로 올려 보내면서 말했다.

"그대의 집안에서 동방의 왕이 나올 것이로되, 건(建) 자가 붙은 이름으로 3대를 내려가야 하느니라."

"알겠사옵니다."

작제건은 용녀와 함께 뭍으로 나와 송악의 남쪽에 자리를 잡은 후 네 명의 아들을 낳았다. 그 첫째아들의 이름이 용건이었다.

어머니가 이 대목까지 들려줄 때, 왕건은 어머니께 궁금한 점을 물었다.

"그런데 아버지 성함이 왜 지금과는 다른가요?"

"작제건 할아버지는 첫아들 이름을 용건으로 지었으나, 나중에 네 아버지가 스스로 왕륭으로 바꾸었단다. 그래서 그런 거야."

"아, 이름을 바꾸신 거였어요?"

"송악 땅에서는 네가 용의 후손이라는 말들을 하지. 우리 부부는 네가 더욱 귀한 사람이 되기를 바라는 마음에서 너의 태를 오관산(五冠山)에 묻었단다. 중요한 것은, 너에게는 고구려인의 피가 흐르고 있다는 사실이야. 그것을 잊지 말아야 해."

"오관산이요?"

왕건은 고개를 갸우뚱했다. 오관산은 송악군 북쪽의 용흥마을과 장풍고을 월고리의 경계에 있는 산이었다.

"응. 그 산은 다섯 개의 봉우리가 갓처럼 생겨서 사람들이 그런 이름을 붙였단다."

"그렇군요."

어머니의 이야기는 더 이어졌다. 이번에는 아버지와 어머니가 결혼할 무렵의 이야기였다.

작제건의 큰아들 왕륭이 한씨 처녀와 결혼할 사이가 되어, 송악의 남쪽에 집을 짓고 있었다. 집이 거의 완성되어 가고 있을 때, 나라에서 도참(圖讖)으로 이름난 도선 대사가 그 앞을 지나가다가 발걸음을 멈추었다.

두 사람은 의례적으로 합장하며 인사를 했다. 그때 스

님이 한마디를 툭 건넸다.

"이곳에서 장차 성인이 나실 것이오!"

"네?"

두 사람은 스님을 물끄러미 쳐다보며 눈을 크게 떴다. 이번에는 스님이 한 발짝 다가오더니, 왕륭에게 나직하게 말했다.

"내년에 귀한 아들을 낳을 것이니, 아들 이름을 반드시 세울 건(建)으로 지으시오."

그렇게 수수께끼 같은 말을 남긴 뒤 스님은 훌쩍 길을 떠났다. 이듬해, 도선 대사가 말한 대로 두 사람 사이에 건강한 사내아이가 태어났다. 어머니가 이야기를 마무리했다.

"전설 같은 이야기가 현실이 되기도 한단다. 그 이듬해에 네가 태어났으니 말이야. 네 이름을 세울 건(建)으로 지은 것은 다 그 때문이란다."

어머니로부터 조상님들에 관한 이야기를 듣고 나서 몇 해가 지나갔다. 하루는 어떤 노인이 집으로 찾아왔다. 아버지가 그 노인을 극진히 모시면서 왕건을 불렀다.

"인사 올려라. 도선 대사님이시다."

아버지의 말에 왕건은 허리를 굽혀 인사를 했다. 어머니에게서 말로만 듣던 도선 대사는 흰 수염을 기르고 등나무로 만든 지팡이를 손에 쥔 신선풍의 노인이었다. 뺨은 불그레했고 허리는 꼿꼿했으며 안광은 형형했다.

"왕건이라 하옵니다."

노인은 왕건을 보며 활짝 웃었다. 형형한 안광이 거두어지고 자애로운 눈빛이 흘러넘쳤다.

"헌헌장부로 컸구나."

왕건이 머쓱하게 서 있자 다시 물었다.

"그래. 올해 몇인고?"

"열일곱이옵니다."

"음, 너는 장차 왕이 될 운명이로다. 내가 오늘부터 이 집에 머물며 너에게 전수할 게 몇 가지 있도다."

도선 대사의 입에서 대뜸 쏟아져나온 말들은 다른 사람이 들으면 큰일 날 소리였다. 역모죄로 처형되어 마땅한 말을 아무렇지도 않게 툭 던지는 게 예사롭지 않았다.

"대사님께서 제 아들 녀석에게 뭔가를 전수하신다니 그

저 감읍할 따름입니다."

아버지는 매우 황송해했다. 왕건은 다시 한번 도선 대사께 고개를 깊이 숙였다. 그날부터 도선 대사는 왕륭의 집에 기거하면서 왕건의 스승이 되었다.

"우리는 모두 임금의 신하요, 백성이다. 신하와 백성은 임금을 섬기고 받들어야 하며, 임금은 백성을 사랑해야 한다. 임금은 백성의 말에 귀를 기울여야 하며, 백성에게 짐이 되면 안 된다. 공자님께서 말씀하시기를, 무릇 군주는 배요, 백성은 물이니, 물은 배를 띄우게도 하지만 배를 뒤엎기도 한다고 하셨다. 살아가면서 공자님 말씀을 꺼내 쓸 때가 있을 것이니, 부디 이 말을 잘 새겨듣도록 하여라. 알겠느냐?"

"예, 잘 알겠습니다."

도선 대사는 먼저 성현의 가르침을 서두에 꺼낸 다음 병법에 대해 설명했다. 진을 치는 법, 멀리 있는 적을 치는 법, 가까운 적을 효과적으로 공격하는 법, 성을 공격하는 법, 성을 지키는 법 등등 갖가지 전략과 전술을 가르쳤다. 그리고 불가에서 전해오는 전통적인 무예와 참선 이

외에도 여러 술법까지 함께 전수하였다.

수련이 끝난 날의 해질 무렵, 도선 대사는 의미심장한 말을 남겼다.

"맹자께서는 여민동락(與民同樂)을 중요하게 생각하셨다. 백성과 함께 즐기라는 말이다. 그렇지만, 이 말을 뒤집으면 백성들의 고통도 함께 들여다볼 줄 알아야 한다는 뜻이다. 즉, 애민(愛民) 정신을 마음의 중심에 다잡고 있으라는 가르침이다. 군대의 장수라면 병사들과 동고동락해야 하고, 나라의 지도자라면 백성들의 고통에 공감할 줄 알아야 한다. 그런 사람이라야 전쟁에서 승리할 수 있으며, 나라를 경영할 때 실패를 줄일 수 있다. 이 말을 잘 새겨듣거라."

"알겠사옵니다."

계절이 몇 번 바뀌었을 때 도선 대사는 홀쩍 떠났다. 왕건은 도선 대사의 제자가 된 뒤로 여러 면에서 달라졌다. 이전보다 훨씬 지혜롭고 늠름한 청년으로 변모했다. 혼자만 있는 시간에는 도선 대사가 알려준 병법을 머릿속으로 복습했다. 마치 눈앞에 적들이 있는 것처럼 진을 치거나 성을 공략하는 등 상상의 날개를 펼쳤다. 그리고 활쏘기와 말타기, 검술 훈련을 게을리하지 않았다.

발어참성 성주 왕건

왕건이 도선 대사에게서 배운 대로 병법을 연구하는 동안, 명주를 점령한 궁예가 수천의 병력을 거느리고 패서 지역으로 오고 있었다. 패서의 호족들은 잔뜩 긴장하여 급히 회동한 후 비상 대책 회의를 했다.

"지금 궁예의 세력이 하늘을 찌를 정도인데, 그가 패서 쪽으로 진군해 오고 있소이다. 우리가 그에게 협조하는 게 좋다고 여기는데 귀공들의 생각을 듣고 싶소."

송악 일대를 다스리는 대호족 왕륭이 먼저 말을 꺼냈다. 그러자 여러 호족이 분분한 의견을 내놓았다.

"협조라니요? 왕공께서는 수천의 가병(家兵)뿐만 아니라 막강한 함선까지 거느리고 계시지 않소이까? 왕공이 송악 일대의 수하들에게 명령하여 궁예의 병사들과 맞선다면 우리도 힘을 보탤 작정이오."

"맞는 말씀이오. 우리가 힘을 합친다면 능히 궁예와 맞설 수 있는데, 어찌 그리 쉽게 항복하겠다고 하시오?"

다른 호족들의 말을 주의 깊게 듣던 왕륭이 고개를 저으며 차분하게 말했다.

"이 몸을 생각해주는 말씀은 고마우나, 아직은 때가 아니오. 거센 맞바람이 불 때는 잠시 몸을 낮추는 것도 나쁘지 않을 거요. 그러다 보면 다시 일어설 날이 반드시 올 것이오."

"그렇다면, 왕공께서는 그와 싸우지 않겠다는 말씀이오?"

"싸우면 피차 큰 화를 입을 것이오. 그러니, 싸우지 않고 그에게 귀부하려 하오."

"귀부를요?"

"그렇소. 우리가 귀부한다면 그의 세력은 더욱 커질 게 틀림없소. 하지만 우리 또한 아무것도 잃지는 않을 것이오. 다시 말해, 우리 세력을 고스란히 유지하게 될 것이란 말이오."

"어떻게 그것이 가능하겠소이까?"

"명주의 호족 김순식을 보면 자명하지요. 그의 가문은 지난 2백 년 동안 명주를 지배해오면서 왕처럼 군림해왔소이다. 얼마 전 그는 궁예에게 귀부했지만 달라진 게 아무것도 없었소. 궁예가 김순식에게 예전처럼 명주를 다스려도 좋다고 허락했기 때문이오. 알다시피, 그는 지금도 여전히 명주의 성주 자리를 차지하고 있단 말이오. 궁예는 신하를 얻어서 좋고, 김순식은 그에게 귀부한다는 명분을 주는 대신 대대로 물려받은 성주의 지위를 고스란히 지켜서 좋소, 이렇게 서로에게 다 좋은 것이라오."

회의에 참여한 호족들은 차츰 왕륭의 말에 일리가 있다고 여기며 고개를 끄덕였다. 호족들은 긴 시간 동안 논의한 끝에 왕륭의 의견에 따르기로 했다.

896년, 궁예가 송악군으로 옮겨와 자리를 잡자, 왕륭을 비롯한 고구려계 호족들은 궁예에게 귀부를 요청했다. 왕륭은 자신이 선대로부터 물려받아 지배해오던 송악군을 궁예에게 바쳤다. 궁예로서는 철원 지역에서부터 예성강 유역에 이르기까지 영토가 더욱 확장된 셈이었다. 궁예가 크게 기뻐하며 잔치를 벌일 때, 옆자리에 앉아 있던 왕륭이 한 가지 제안을 했다.

"대왕께서 조선, 숙신, 변한 지역에서 왕이 되려 하신다면 먼저 송악에 튼튼한 성을 쌓으시옵소서. 그리고 제 맏아들 건에게 도성 쌓는 일을 맡기고 성주로 삼으소서."

궁예는 그 제안을 흔쾌히 받아들이고 왕륭을 금성태수에 임명했다. 금성군(金城郡, 지금의 강원도 김화군, 창도군, 철원군)은 야차홀, 모성군, 익성군 등을 아우르는 곳으로서 궁예의 첫 도읍지였던 철원과 가까운 지역이었다.

"왕건에게 명하노니, 송악군에 발어참성을 쌓도록 하라. 성을 다 쌓으면 그대를 성주로 임명하겠노라."

"지엄하신 명을 따르겠나이다."

약관의 나이에 성주가 된 왕건은 곧 송악산 기슭에 왕궁성을 짓기 시작했다. 금성태수로 임명된 왕륭은 임지로 떠나기 전에 왕건에게 한 가지 당부를 했다.

"건아! 가장 큰 힘은 사람의 마음을 얻는 데서부터 나온다는 것을 명심하거라. 만약 언젠가 너에게 중대한 결단의 시기가 온다면, 너를 믿고 존중하는 사람들과 더불어 뜻을 같이 하도록 해라. 고구려의 후손인 네가 우리 송악의 희망이다. 또한, 도선 대사의 가르침을 언제나 잊지 말아야 한다."

"명심하겠사옵니다."

왕륭은 의미심장한 당부를 남기고 금성으로 떠났다. 송악에서 금성까지는 5백여 리의 머나먼 길이었다. 높은 산과 가파른 구릉으로 이어진 길을 따라 금성에 도착한 왕륭은 태수직을 수행하던 중 이듬해인 897년 4월에 세상을 떠났다.

부고를 들은 왕건은 급히 금성으로 달려가 영안성(永安城) 강변의 석굴에 아버지를 장사지냈다. 궁예는 공신에 준하는 예를 갖춰 경조(敬弔)의 뜻을 전했다. 패서의 유력한 호족들도 차례로 조의를 표했으며, 왕건에게 깊은 위로의 말을 건넸다. 또한, 혈기 왕성한 왕건의 앞날에 축복을 보내는 것도 잊지 않았다.

"아버지!"

왕건은 무덤 앞에서 오열을 삼키며 아버지의 마지막 당부를 마음속으로 되새겼다.

 '가장 큰 힘은 사람의 마음을 얻는 데서부터 나온다. 만약 중대한 결단의 시기가 온다면, 너를 믿고 존중하는 사람들과 더불어 실행해야 하느니라. 그리고 네가 고구려의 후손이라는 사실을 늘 잊지 말아라.'

 이제 왕건은 아버지의 모든 재산과 지위를 물려받아 젊은 나이에 대호족의 반열에 올랐다. 장례를 마친 뒤, 왕건은 송악군의 백성들은 물론 자신이 거느린 가병과 하인들까지 동원해 발어참성을 쌓는 일에 박차를 가했다. 북벽과 서벽, 동벽에는 크기가 다른 자연석으로 밑면을 맞춰 성돌을 쌓았고, 남쪽 면에는 흙으로 다져서 쌓았다.

 왕건은 날마다 성터에 나가서 성벽 쌓는 일을 감독했는데, 하루는 웬 중년 남자 하나가 돌을 나르다가 쓰러지는 것을 보았다.

 "이보시오!"

 왕건이 얼른 다가가서 부축했다. 그 사내는 한눈에도 수척해 보였다. 왕건은 남자를 업고 의원에게 데려갔다.

의원이 진맥을 짚고 이리저리 살펴본 뒤 말했다.

"성주님, 이 사람은 여러 날을 굶은 것 같습니다."

"살릴 수 있겠소?"

"탕약을 지어 보겠습니다. 그보다도, 밥을 든든히 먹으면 금방 나을 병입니다."

"다행이군."

알고 보니, 그 남자는 외딴 마을에서 늙은 어머니를 모시고 사는 사람이었다. 딸 둘은 타관에 시집보냈고 세 아들을 모두 전쟁 통에 잃은 뒤 끼니를 잇기 위해 성돌 나르는 일을 자청해 성터에 온 것이라 했다. 왕건은 성돌을 나르는 백성들에게는 쌀이나 콩을 품삯으로 지급해 왔다. 이 때문에 살림에 보탬이 되고자 성터의 일꾼이 된 사람이 꽤 많은 편이었다.

"몸이 회복될 때까지 잘 보살펴 주시오."

왕건은 의원에게 약값을 치르는 한편, 가노(家奴)를 시켜 집안 창고에 보관 중인 쌀 한 포대와 소금 한 됫박, 늙은 호박 몇 덩이, 생선 여남은 마리를 외딴집 중년 남자의 집으로 보냈다. 왕건은 작은 수레를 끌고 가는 가노를 보며 중얼거렸다.

'도선 대사가 강조했던 애민 정신을 겨우 손톱만큼 실천에 옮겼을 뿐이다. 이것으로 자만하지는 말자.'

닷새쯤 지난 뒤, 왕건이 여느 때처럼 성터에 나가 관리·감독을 하고 있을 때, 저 앞에서 반갑게 웃으며 다가와 넙죽 절을 하는 사람이 있었다. 얼마 전에 성돌을 나르다 쓰러졌던 중년 남자였다.

"성주님! 베풀어 주신 큰 은혜 덕분에 제가 거뜬해졌습니다. 고맙습니다, 성주님!"

"오, 정말 다행이오!"

왕건은 중년 남자를 보며 활짝 웃었다. 그의 혈색이 전보다 좋아 보여서 마음이 개운해졌다. 중년 남자는 인사를 한 다음 동료들이 있는 곳으로 걸어갔다.

그들은 서로 눈인사를 주고받으며 성돌을 날랐다. 터를 다지고 성돌을 쌓는 일은 여럿이 힘을 합치면서 조금씩 진척되었다. 밤낮을 가리지 않고 축성에 열과 성을 다한 뒤 마지막으로 해자까지 파서 물이 흐르도록 했다. 드디어 총둘레가 22리에 달하는 웅장한 궁성이 완성됐다.

궁성이 완성되기 한 해 전인 897년, 궁예는 한강 중하류 지역을 공략했다. 이때, 송악의 해상 패권을 장악해왔던 왕건 가문에서 전투함으로 개조된 수십 척의 선박을 내주었다. 왕건은 축성이라는 막중한 임무를 믿음직한 수하에게 잠시 맡기고 전투에 출전했다.

왕건은 궁예를 모시고 지휘 함선에 나란히 올랐다. 함선에는 궁예의 부장인 신숭겸, 배현경, 복지겸, 홍유 등이 함께 승선했다. 맨 처음 적들과 맞서 싸운 곳은 혈구(지금의 강화도) 지역이었다. 포구에 배를 댄 다음 지휘관들이 병사들을 이끌고 여러 방면으로 나뉘어 진군했다. 왕건은 신숭겸과 한 조가 되어 싸웠다. 배현경, 홍유, 복지겸 등도 부하들과 한 덩어리가 되어 적들을 마구 베어나갔다. 날이 저물 무렵, 궁예의 군대가 혈구를 장악했다. 궁예는 왕건을 비롯한 여러 장수와 함께 임시로 진을 치고 작전회의를 열었다.

그곳에서 숙영한 뒤, 궁예의 정병들은 다음 날 일찍 검포(지금의 경기도 김포와 인천시 서구 검단동 일대)를 향해 떠났다. 신라의 군권이 미치지 못하는 검포와 공암(

지금의 서울시 강서구와 양천구 일대)에서는 각각 장군을 자처하는 자가 무리를 이끌며 읍성을 다스리고 있었다. 그들은 궁예의 군대와 맞서 싸웠으나, 정예 병력의 압도적인 전술과 기세를 당해내지 못하고 모두 항복했다.

왕건은 이번 출정을 통해 여러 성을 함락하면서 공을 세웠다. 다른 장수들과의 협력에서 큰 힘을 얻었던 것은 서책에서 얻지 못할 값진 경험이었다. 이번 출정을 통해 궁예의 영토는 한강 유역까지 확장되었다.

임진강을 건너 한강과 북한강에 이르는 요충지를 확보한 것은 단순한 영토 확장 이상의 의미를 지녔다. 한강 유역은 서해로 진출할 수 있는 관문이었다. 이곳을 통해서 당나라를 비롯한 여러 나라와 활발하게 교역할 수 있었다. 이 지역은 장차 후백제와의 전쟁을 치르게 될 때 수군을 이용한 공격과 방어를 동시에 수행할 수 있는 교두보가 될 터였다.

2장

궁예의 후고구려 건국

898년 7월, 궁예는 궁궐의 축성이 끝나는 것을 지켜본 뒤 철원에서 송악으로 도읍을 옮겼다. 그 후 왕건에게 새로운 직책과 임무를 부여했다.

"발어참성 성주를 정기대감으로 임명하노라. 근래에 들어와 양주와 국원에서 도적 떼들이 세력을 키우며 백성들을 불안하게 한다고 하니, 그대는 지금 즉시 출정하여 민도를 어지럽히는 도적들을 소탕하라!"

"신명을 바쳐 적들을 쓸어버리겠나이다."

정기대감은 정예한 기병을 통솔하는 기병 지휘관이었다. 양주의 도적이란 과거 궁예 자신이 섬겼던 양길을 뜻했고 국원(지금의 충북 청주)의 도적은 양길의 밑으로 들어간 기훤을 가리켰다. 그 둘이 힘을 합쳐 세력을 강원도 남쪽의 어진까지 넓혔을 때, 궁예는 일단 그들을 내버려 두고 영서를 거쳐 송악으로 들어온 터였다.

궁예는 철원에서 송악으로 도읍을 옮겼으니, 더 큰 도약을 위해서는 이들을 일거에 무너뜨려서 뒤탈을 없애야 했다. 궁예는 후백제 세력을 꺾고 삼한을 하나로 통합할 원대한 꿈을 꾸고 있었다. 신라는 어차피 꺼져가는 등불이어서 그다지 신경 쓸 일이 아니라고 판단했다. 하여, 후방의 안정을 도모하기 위해 왕건에게 양길과 기훤을 치라는 막중한 임무를 부여한 것이다.

왕건은 즉시 휘하의 날랜 기병들을 거느리고 전장으로 나아갔다. 말발굽 소리가 천지를 울렸다. 진군을 알리는 깃발들이 힘차게 나부끼는 가운데 왕건의 군대가 질주했다. 왕건은 중군 기병을 맡았고 김락이 좌군 기병, 전이갑과 전의갑 형제가 우군과 돌격 기병을 각각 맡았다. 기병이 세 갈래로 나뉘어 동시에 공격을 퍼부으니 장관이었다. 폭풍처럼 몰아치는 기세에 짓눌린 양주와 국원의 도적 떼들은 수숫단처럼 쓰러졌다. 성을 함락한 왕건은 송악 동남쪽의 견주(지금의 개경 부근)까지 쳐서 복속시켰다.

이 전투에서 양길과 기훤의 세력은 크게 와해되었다. 그러나 국원 등지의 고을에서는 양길의 부하 신훤, 청길 등이 여전히 성을 지키면서 세력을 유지하고 있었다. 겨울이 되자, 왕건은 군대를 추슬러 여러 성읍을 다시 공략했다. 청길과 신훤은 얼마 버티지 못하고 성을 바치며 항복했다. 왕건이 오랏줄에 묶인 두 지휘관에게 말했다.

"그대들은 비록 적도(賊徒)의 지휘관이지만 자신의 주군을 위해 싸운 용맹한 장수로다. 우리와 뜻을 같이 할 의향이 없는가?"

전투에서 이긴 장수가 본보기로 적장의 목을 베는 것은 흔한 일이었다. 그런 것을 악습이라고 생각했던 왕건은 불필요한 살생을 금하기로 다짐하고 있었던 터였다. 그것은 또한, 돈독한 불심(佛心)을 바탕으로 정사를 펼치는 주군의 뜻에 동참하는 일이기도 했다. 뜻밖의 질문을 받은 두 지휘관은 처음에는 입을 꾹 다물고 있었다. 그러나 왕건이 두어 번 곡진한 어조로 설득하자 무릎을 꿇었다.

"제 부하들을 살려주신다면 무엇이든 하겠습니다."

"좋소. 투항한 자들의 안전을 보장하겠소."

"고맙습니다, 장군!"

왕건은 청길과 신훤을 궁예 앞으로 데려가, 두 지휘관과 포로들을 살려달라고 청했다. 궁예는 잠시 생각하는 듯하더니, 왕건의 청을 받아들여 두 지휘관은 물론이고 투항한 무리를 처벌하지 않기로 했다. 과거에 기훤의 폭압을 피해 자신과 더불어 양길에게 의탁했던 원회, 신훤 등과의 인연이 있었던 것도 한몫했다. 몇 해 전, 자신에게 대항했다는 이유로 염주를 정벌하고 호족 유긍순을 혹독하게 처벌한 것과는 대조적인 조치였다.

궁예는 왕건의 승전 소식을 듣고 매우 흡족해하면서도 연달아 여러 고을을 정벌할 것을 재촉했다. 이 때문에 왕건은 휴식을 취할 겨를도 없이 다시 출동했다. 전투가 거듭될수록 휘하의 기병들은 일당백의 전사가 되어 갔다.

왕건은 다시 출정하여 너른 고을 광주와 당성 등 경기도 지역을 손에 넣었다. 그런 다음 충주, 청주, 괴산 등 충청 내륙 지역까지 평정하면서 30여 성을 손에 넣었다. 궁예의 영토는 이제 한강 유역의 뱃길과 비옥한 농경지를 확보한 데서 더 나아가 충청 내륙 지역의 땅까지 아우를 만큼 그 영역이 크게 넓어졌다.

"정기대감이 이토록 연전연승하면서 승전보를 가지고 오니 기쁘기 한량없도다. 내 그대에게 아찬 직위를 내리고 철원태수에 임명하노라."

아찬은 신라의 17관등 가운데 여섯째 등급의 벼슬이었다. 일길찬보다는 위고 대아찬보다는 아래인 아찬은 본디 진골과 6두품만 오를 수 있었다. 궁예는 한강 유역까지 영역을 넓힌 왕건에게 아찬 벼슬을 내려 그 공을 높이 치하했다. 하지만 찜찜한 구석이 남아 있었다. 신훤과 청길의 투항으로 국원 등지를 평정했지만 양길이 여전히 활개를 치고 있다는 점이었다. 이제 그 마지막 꼭지를 딸 차례였다. 왕건을 철원태수에 임명한 것은 양길을 반드시 무릎 꿇리고야 말겠다는 의지의 표시였다.

899년 7월, 양길이 잔당들을 긁어모아 공격할 것이라는 첩보가 날아들었다. 궁예는 왕건과 더불어 작전을 짰다. 작전회의에서 왕건이 한 가지 제안을 했다.

"양길이 진입할 만한 길목에 복병을 배치해 놓아야 하옵니다."

"계속해 보게."

"저희 기병의 별동대에게 적을 공격하다가 퇴각하도록 지시할 것이며……."

"기만술인가?"

"야인들의 전술이옵니다. 쫓기던 자가 별안간 멈춰서서 역공하면 적들은 크게 당황할 것이옵니다. 그 순간에 매복조가 습격하여 적의 행렬을 앞뒤로 끊은 다음 후위의 친위대가 함께 공세를 가하면 적을 섬멸할 수 있사옵니다."

"좋은 생각이군. 그럼, 곧바로 매복조를 배치하고 선제공격할 별동대를 조직하라!"

"그렇게 하겠나이다."

왕건은 도선 대사에게서 병법을 배운 대로 실전에 적용해 나갔다. 그는 준비가 완료된 다음, 전군에 출동 명령을 내렸다. 나팔수가 출전을 알리는 나팔을 힘차게 불었다. 깃발이 펄럭이는 가운데 왕건의 정예 기병들이 전위가 되어 앞서 나갔다. 궁예가 이끄는 친위대가 후위가 되어 뒤를 따랐다. 멀리 우뚝 서 있는 성이 보였다. 궁예와 왕건의 병력이 죽주 지역에서 암약 중이던 양길의 군대를 공격했다.

드디어 숙명적인 대결이 시작되었다. 비뇌성 전투였다. 왕건의 별동대가 작전계획대로 치고 빠졌다. 양길의 군대가 맹렬하게 뒤쫓아오면서 소리쳤다.

"서라! 어딜 도망가느냐?"

별동대는 아랑곳하지 않고 내달렸다. 미리 약속된 지점까지 이르렀을 때 별동대가 갑자기 우뚝 멈춰 섰다. 쫓아오던 양길의 군대가 얼떨떨한 표정을 지었다. 그때 매복조가 갑자기 들이닥쳐 화살을 퍼부었다. 당황한 양길의 군대가 어찌할 바를 모르고 허둥댔다.

"공격하라!"

바로 그때, 천둥 같은 군호에 따라 궁예의 친위대가 물밀듯이 밀어닥쳤다. 들판과 골짜기에 적들의 시체가 쌓여 갔다. 겁에 질린 잔당들은 여러 갈래로 흩어져 도망을 쳤다. 그 수는 얼마 되지 않았다.

스물세 살의 장수인 왕건은 정예 기병을 진두지휘하여 궁예의 친위대와 더불어 양길의 군대를 대파했다. 비뇌성 전투에서 승리한 궁예는 신라 북부의 죽주 일대까지 손에 넣었다. 후백제와 하대 신라를 합친 것보다 더 넓은 영토를 소유하게 된 것이다.

901년 7월, 송악으로 도읍을 옮긴 궁예는 개국을 선포했다. 고구려를 계승한다는 의미로 고려라는 국호를 사용하면서 스스로 왕위에 올랐다. 궁예는 즉위식에서 백관들에게 포부를 밝혔다.

"신라가 당나라 병사를 끌어들여 위대한 고구려를 멸망시켰던 것을 기억하는가? 지금 평양의 옛 도읍지엔 찬란했던 영광은 사라지고 잡초만 무성하게 웃자라 있으니 어찌 통탄하지 않으랴? 그 원수를 내가 갚겠노라!"

궁예는 자신의 근거지였던 철원에서 송악으로 도읍을 옮긴 뒤 온통 고구려계 호족들에 둘러싸여 있었다. 예성강 유역의 백성들 또한 대부분 고구려 유민들이었다. 그들은 고구려 부흥운동에 참여했던 자들의 후손이었다.

북쪽에서 자주 출몰하는 여진족의 약탈에 대비해 자체

적으로 싸워야 하는 자들답게 패서의 호족들이 거느린 군병들은 다른 지역에 비해 군사적인 조직이 잘 정비된 편이었다. 새로운 국가를 세우려면 반드시 도읍지의 민심을 얻어야만 했다. 군사적인 조직까지 얻는다면 금상첨화였다. 민심을 얻으려면 강력한 정서에 호소해야 했다. 패서 지역민들의 오랜 염원은 옛 고구려의 영광을 재현하는 것이었다. 궁예는 그 뇌관을 정확히 건드린 것이다.

이 모든 것을 고려했을 때, 궁예가 고구려를 계승하기 위해 고려를 건국한다고 발표한 것은 매우 명민한 발상이었다. 국호인 고려는 후고구려를 뜻했다. 그러므로 궁예가 선포한 국호에는 실지(失地) 수복이라는 강력한 염원이 내재되어 있었다. 그것은 국가 경영의 과제가 될 것이었다. 궁예는 고구려 계승 의식을 확고히 드러냄으로써 패서 백성들의 마음을 단단히 사로잡았다.

즉위식에 참석한 왕건은 궁예의 말에 깊이 공감했다. 고구려의 원수를 갚겠노라는 주군의 포부가 폐부에 스며들어 남다른 감회를 불러일으켰다.

"건아! 고구려의 후손임을 늘 잊지 말아라."

문득 부모님의 당부가 새삼스레 떠올랐다. 더불어, 뜻이 깊고 웅혼한 기상을 지닌 군주를 만난 게 다행이라 여겼다. "너는 장차 왕이 될 운명이로다."라고 했던 도선 대사의 말은 가슴속에 깊이 갈무리해 두었다. 그 순간, 저도 모르게 다짐 하나가 떠올랐다.

'주군을 성심껏 보필하여 조상들이 옛적에 일구었던, 잃어버린 요동 땅을 되찾고 삼한일통을 반드시 이루리라!'

즉위식이 진행되는 동안 왕건은 가슴속에서 뜨거운 불길이 타오르는 것을 느꼈다.

11월이 되자, 궁예는 왕궁성에서 신라의 전통 행사 가운데 하나인 팔관회를 성대하게 개최했다. 궁예는 신라를 그토록 증오했지만 연등회와 팔관회만큼은 중요하게 여겼다. 이 행사에 참여하고자 전국의 법력 높은 스님들과 보살들뿐만 아니라 송악의 백성들이 구름처럼 모여들었다. 궁궐의 뜰에 거나한 제사상이 차려졌다. 더불어, 전란 통에 숨진 영혼을 위로하는 의식이 엄숙하게 진행되었다.

이어서, 새로 세운 나라의 번영을 축수하는 의식이 행

해졌다. 궁예는 위엄을 갖추면서도 얼굴에 웃음을 가득 띠고 있었다. 대신들 중에는 감개무량한 듯 하늘을 우러러보는 이도 있었다. 백성들은 들뜬 표정을 감추지 못했다. 잔칫날처럼 흥에 겨운 이날, 송악 땅에서는 허물어져 가는 신라의 담장을 뚫고 후고구려라는 새로운 기둥 하나가 우뚝 섰다.

첫사랑

903년, 궁예는 왕건에게 새로운 명령을 내렸다.

"그대를 해군 대장군에 임명하노니, 수군을 거느리고 금성군을 공격하라!"

신라 하대의 혼란상을 틈타 전국 각지에서는 중앙 정부의 통제에서 벗어나려는 움직임이 빈번하게 일어났다. 금성군의 해양 세력들도 그중 하나였다. 견훤은 신라의 비장이던 시절, 중앙 정부의 명에 따라 서남해의 해적과 토호를 쳐서 평정한 적이 있었다. 그때 견훤은 금성군을 수중에 넣었다. 그 후 독자 세력을 형성하고 왕을 칭하면서 금성군은 자연스럽게 후백제의 영토가 되었다.

궁예가 금성군을 공격하기로 마음먹은 것은 이태 전이

었다.

"지금 견훤이 금성군에 군대를 몰고 와서 여러 부락을 약탈하고 있사오니, 부디 대왕께서는 저 무도한 자들을 물리치고 우리를 보호해주소서."

2년 전, 금성 지역의 토호를 대표하는 호족인 나총례가 은밀하게 구원을 요청하는 서신을 보내온 적이 있었다. 궁예는 그때 철원에서 송악으로 도읍을 옮기고 양길과 싸우는 등의 복잡한 사정 때문에 금성군에 군대를 파견하기가 어려운 실정이었다. 하지만 지금은 도읍을 옮기고 나라의 기틀을 다지게 되었기에 늦게나마 금성군 토호들의 요청에 부응하기로 한 것이다.

본디 금성군은 백제의 발라군(發羅郡)이었으나 신라 경덕왕이 이름을 금성군으로 바꾸었다. 이곳은 영산강을 끼고 뱃길로 서남해에까지 연결된 해상 교통로였다. 내륙으로 깊숙이 연결된 회진(지금의 나주군 다시면 회진리 일대)은 영산강과 이어진 곳이었다. 바다로 빠르게 나갈 수 있는 포구이니만큼 전략적으로 매우 중요한 가치가 있었다. 견훤은 무주에 도읍하여 금성군까지 장악한 뒤 바닷길로 당나라를 비롯한 여러 나라와 활발하게 교역하며 막대한 이득을 얻고 있었다.

후백제는 드넓은 호남평야에서 풍부한 곡식을 거두어들였다. 곡식은 백성들의 식량이 되었으며 군사들의 군량미가 되었다. 이 지역의 섬들에서 나오는 풍부한 해산물은 어민들의 살림을 윤택하게 해주었다. 특히 해안의 염전에서 일군 소금은 금보다 귀한 재화였다. 또한, 함평의 사철(沙鐵), 무안과 철야현에서 나오는 철은 농토를 일구는 낫과 쟁기뿐만 아니라 군사용 도검 등 온갖 무기를 만드는 재료로 쓰였다.

서남해안을 기점으로 하여 무역을 통해 벌어들인 수익은 나라의 곳간을 넉넉하게 했다. 금성군에서 만들어지는 비단은 당나라와 일본에 수출하는 값비싼 물품 가운데 하나였다. 여기서 축적된 재화는 군사들이 사용할 칼, 창, 활, 화살, 갑옷, 방패 따위의 온갖 무기류를 조달하는 비용으로 충당되었다. 견훤의 후백제는 곡창지대인 호남평야와 서남해안을 장악한 이후 후삼국 중에서 군사적으로나 경제적으로나 가장 강성한 나라가 되었다.

반면, 궁예의 후고구려는 후삼국 중에서 가장 넓은 영토를 차지하게 되었으면서도 군사적으로는 여전히 견훤의 후백제에 밀리고 있었다. 경제적인 측면에서도 마찬가지로 취약했다. 명주 지역은 다른 곳보다 넓지만 척박한 기후, 험준한 산악 지역 때문에 농업 생산 기반이 약했다.

　명주나 철원 등에 거주하는 백성들의 숫자도 많지 않았다. 이 같은 점으로 미루어 보았을 때 기름진 토양과 풍부한 물산, 밀집된 인구를 지닌 후백제에 비해 후고구려가 열세인 것은 어쩔 수 없는 일이었다. 철원평야에서 생산된 농산물 수확량이 제법 많다는 장점도 있었지만, 배편을 통해 송악으로 곡식을 운반할 만한 하천이 없다는 것은 매우 큰 단점이었다.

　후백제의 전략적 요충지는 곧 후고구려의 전략적 요충지이기도 했다. 바둑에서 상대방의 급소가 곧 나의 급소가 되는 것과 같은 이치였다. 한강 유역을 장악한 궁예는 남쪽의 비옥한 곡창지대를 눈여겨보고 있었다. 그곳이 바로 바다로 연결된 금성군이었다. 그 황금 같은 곳을 빼앗게 되면 무주에 웅거한 견훤을 옥죄는 비수가 될 터였다. 궁예가 생각하기에 왕건은 금성군을 공략하는 데 적임자였다. 그의 가문은 송악을 근거지로 둔 해상 세력이니, 그가 뱃길로 나아가 금성군을 공격하면 승산이 있다고 판단했다.

장군이 된 왕건은 출정을 서둘렀다. 그가 수군을 거느리고 십오 리쯤 행군하여 정주(지금의 개풍군 풍덕)에 이르렀을 때였다. 병사들과 군마를 쉬게 한 다음 오래된 버드나무 밑에서 말을 매어 놓았는데, 웬 앳되고 아리따운 처녀가 길옆 시냇가에 서 있는 게 보였다.

"낭자는 어느 집안의 규수요?"

"소녀는 이 고을의 장자(長者)집 딸입니다."

장자는 어른이나 윗사람을 뜻하는 말이지만, 덕망과 부를 겸비한 지체 높은 사람을 높여 부르는 존칭이기도 했다. 고을 사람들의 말이 귀에 익었던 처녀가 그렇게 말한 것은 자연스러웠다. 볼수록 총명하고 덕이 있어 보이는 자태였다. 왠지 마음이 끌렸다.

"부친의 성함을 물어도 되겠소?"

"제 아비는 류천궁이라 하옵니다."

류천궁은 정주(貞州)의 이름난 호족이었다.

"그대의 부친께 인사를 드리고 싶소."

"저를 따라오시지요."

왕건이 처녀를 따라갔다. 잠시 후, 으리으리한 저택이 나타났다. 처녀가 대문에 달린 문고리를 두어 번 치자, 안에서 하인 둘이 문을 열어주었다. 처녀가 뭐라고 말하니 하인 하나가 안쪽으로 쏜살같이 달려갔다.

"이곳이 그대의 집이오?"

"그렇사옵니다. 안으로 드시어요."

넓은 마당을 지나 사랑채에 이른 왕건을 향해 한 중년 남자가 다가왔다.

"어서 오십시오. 멀리서 귀한 분이 오셨다기에 달려 나왔소이다."

"류 대인께서 이토록 환대해 주시니 고맙습니다. 저는 송악의 왕건이라 합니다."

"아! 왕륭 대인의 맏아들이시구려. 반갑소이다. 저도 생전의 왕 대인을 자주 뵈었으며 흠모해 왔소이다. 그리고 엊그제 해군 대장군이 되셨다는 소식도 들었소이다. 참으로 경하드리는 바이오."

"어찌 그리도 빨리 아셨습니까? 고맙습니다."

"자, 자, 어서 안으로 드시지요."

"네."

류천궁은 마치 오랜만에 만난 혈육을 대하듯이 반갑고 친절하게 대해 주었다. 향기로운 수정과를 곁들여 차담을 나눈 뒤, 산해진미로 대접을 해주는 등 여러모로 각별했다. 류천궁은 왕건의 군사들에게도 맛있는 음식을 베풀어 주었고, 잘게 썬 꼴에 콩과 차조를 섞은 곡물로 군마들을 배불리 먹였다.

저녁상을 물린 뒤 류천궁이 말했다.

"왕 장군! 오늘 밤에 나의 여식을 보낼 테니 함께 좋은 시간을 보내도록 하시오."

그 말을 들은 왕건의 얼굴이 붉어졌다. 이윽고 밤이 되자, 낮에 보았던 처녀가 방문을 열고 들어왔다. 흐릿한 불빛 아래에서 보니, 그 자태가 맑고도 고혹적이었다.

"올해 몇이시오?"

"열일곱이옵니다."

"함께 뜰을 거닐고 싶소."

"네."

뒷마당으로 나오니 잔설 사이로 군데군데 매화가 고고하게 피어 있었다. 석등에서 새어 나오는 불빛을 받은 꽃들이 아련한 색조를 띠고 있었다. 바람 끝이 조금 차가웠으나 코끝에 스며드는 매운 향내가 아득하여서 좋았다.

"부친께서 내게 호의를 베풀어 주시는 것은 고맙지만, 낭자의 뜻을 알고 싶소. 나는 나라의 명을 받은 몸, 군대를 이끌고 서남해로 출정할 것이오. 전장에 나가면 언제 돌아올지, 살아 돌아올지 알 수가 없소. 그래도…… 나와 연을 맺어도 좋은지 말해 보구려. 만약, 낭자가 싫다고 한다면 이대로 발걸음을 돌려도 좋소."

하늘에는 별이 총총 떠서 금방이라도 뒤뜰 한가운데로 마구 쏟아져 내릴 것만 같았다.

"소녀는 이미 장군과 같은 행로에 들어섰습니다. 그 길이 멀고 험해도, 기약할 수 없다고 해도 감내할 것입니다."

"나와 같은 행로에 들어섰다……. 참으로 아름다운 말

씀이구려."

왕건은 처녀의 손을 꼭 잡고 방으로 들어섰다. 스물일곱 청년의 손길은 떨렸다. 한 떨기 꽃 같은 처녀의 수줍은 몸도 떨렸다. 마지막 옷소매와 치마저고리가 휘날리는 순간, 방 안의 불이 꺼졌다. 이른 봄의 달빛이 시샘이라도 하듯 창호지 너머로 기웃거렸다. 첫사랑의 벅찬 시간들이 켜켜이 쌓여 갔다.

꿈 같은 밀월을 마친 며칠 후, 왕건은 처녀와 작별 인사를 나눴다. 류천궁의 배웅을 받으면서 떠나갈 때 마음 한 구석이 아려왔다. 금방이라도 눈물을 떨굴 것만 같은 류씨 처녀의 눈망울이 아른거렸기 때문이다. 류씨 처녀는 먼발치로 낭군님이 떠나가는 뒷모습을 내내 바라보았다. 그가 군사를 거느리고 아득히 멀어져갈 때까지 미동도 하지 않았다. 그녀의 볼에서는 소리 없는 눈물이 흘러내리고 있었다.

류천궁은 왕건과의 인연을 소중히 여겼기에 궁예에게 정주 성을 바치며 귀부했다. 마음속에서 사윗감으로 점찍은 젊은 장군과 한 울타리에 머물고 싶은 마음이 컸기 때문이었다. 그의 딸은 행여나 왕건이 올세라 자나 깨나 기다렸다. 하지만 날이 가고 달이 가도 기다리는 님은 오지 않았다.

"대장부가 전장에 나아갔으니, 죽지 않고 살아 있다면 언젠가는 꼭 돌아올 것이다. 그러니 염려하지 말아라."

류천궁과 그의 부인이 딸을 위로해 주었지만 소용없었다. 명랑하던 딸은 언젠가부터 말수를 잃어갔고, 지혜롭고 총명하던 눈빛엔 수심이 가득했다. 여러 해가 지나는 동안 행세깨나 하는 집안에서 혼사에 관한 문의가 빗발쳤다.

"사랑 없이는 아무 남자와는 혼인하지 않겠사옵니다. 차라리 중이 될래요."

류씨 처녀는 정절을 지키고자 스스로 머리를 깎고 절에 들어가 비구니가 되었다. 류천궁 부부는 딸을 말릴 수도 없어서 한숨만 내쉴 뿐이었다. 뒷마당에는 그런 사연을 아는지 모르는지 해마다 잔설이 녹을 때쯤 매화꽃만 추위를 뚫고 벙글어지고 또 벙글어졌다.

금성군 점령

 류천궁의 저택을 나온 왕건은 군사를 이끌고 수군 기지가 있는 정주의 포구로 가서 전함을 점검한 뒤 출정 준비를 마쳤다. 정주는 송악에서 가까운 곳이어서 왕건에게는 익숙했다. 이곳은 한강과 임진강, 예성강이 하나로 합류하여 서해로 나가는 길목이어서 아버지가 운영하는 상단의 배들이 기항과 출항을 반복하는 곳이기도 했다.

 궁예의 명령을 받고 금성군 정벌에 나선 원정길이니만큼 거액의 돈이 쓰이게 되었다. 군마를 먹일 식량이며, 전함 점검과 수리에 따르는 비용이며, 수전(水戰)에 쓸 긴 낫과 칼과 창과 활과 화살이며, 수군이 입을 군복이며 방패 등을 마련하는 데 어마어마한 군자금이 필요했다. 이 비용의 대부분을 궁예 정권에서 내줬고 왕건 가문에서도 상당한 액수를 내놓았다.

그 외에도 보이지 않는 곳에 들어가는 소소한 비용도 꽤 많은 편이었다. 이때 정주를 다스리는 호족 류천궁이 왕건을 위해 거금을 들여 물심양면으로 도와주었다. 류천궁은 왕건을 매우 각별하게 배려했다.

3월 초순, 왕건은 드디어 전함을 거느리고 서남해안을 향해 출항했다. 왕건이 이끄는 군대는 바닷길을 훤히 아는 자, 숙련된 노꾼 등을 포함해 잘 훈련된 2천5백 명의 수군으로 이루어져 있었다.

얼마 후, 순풍에 돛을 달고 가던 전함들이 서남해안에 당도했다. 견훤은 이미 목포(지금의 영산포), 석해포(지금의 나주시 반남), 덕진포(지금의 영암 덕진), 자미산성 등의 포구에 후백제의 수군을 배치해놓고 있었다.

그러다가 왕건의 배들이 나타나자 일제히 대응하기 시작했다. 후백제의 배들이 깃발을 펄럭이며 다가오자, 왕건의 부하들 중 몇몇은 사색이 되었다. 왕건이 그런 부하들에게 단호하게 말했다.

"두려워하지 마라!"

"후백제군이 새카맣게 몰려와서……."

"그냥 오합지졸이라 생각해라! 어깨를 펴고, 최강의 정예 수군답게 본때를 보여줘라!"

"알겠습니다, 대장군!"

왕건이 우렁우렁한 목소리로 용기를 북돋워 주자, 부하들은 그제야 떨리는 마음을 진정하며 자세를 가다듬었다. 이때, 휘하 장수들이 부하들에게 지시를 내렸다.

"모두 전투 태세를 갖춰라!"

장수들은 제각기 배를 이끌고 앞으로 나아갔다. 적선에서 화살을 쏘았다. 하지만 유효 사거리에 못 미쳤다. 그러는 사이에 왕건의 전함이 거리를 좁혀 들어갔다. 왕건이 다시 한번 군호를 내렸다.

"화살을 쏘아라! 평소 훈련받은 대로 대형을 갖추어 적선을 격침하라!"

왕건 자신도 화살을 쏘아 적을 쓰러뜨리면서 목이 터지도록 외치며 부하들을 독려했다. 바다 위에서 혼전이 벌어졌다. 수군 중에는 왕건의 가문에서 전투 경험을 쌓은

노련한 군사들이 있었다. 그런 가병을 수군의 지휘관으로 발탁해 놓았다. 그들은 바닷길을 잘 알 뿐만 아니라 수전에서 치고 빠지는 전술에도 능했다.

왕건은 수군을 조련할 당시 빼어난 궁수를 스무 명씩 가려 뽑아 전함마다 배치해놓았다. 궁수들은 적함과의 거리가 꽤 멀어도 화살을 쏘아 적들을 쓰러뜨리는 활 솜씨를 유감없이 발휘했다. 각 전함에 창검술에 능한 군사를 서른 명씩 안배해 놓은 상태였다. 그러나 다수의 희생이 따르는 위험 부담을 없애기 위해 왕건은 백병전을 수행하지 말도록 휘하 장수들에게 지시했다.

후백제의 수군과 싸울 때는 육전에서의 진법을 활용하여 적함을 포위하는 전략을 짰다. 궁수들이 쏜 화살은 멀리까지 날아갔기 때문에 원거리를 유지하면서 싸우는 게 유리했다. 또한, 가까운 거리에서 싸울 때는 충각 전술을 썼다. 돌출한 뱃머리로 적함의 옆구리를 파괴하는 전술이었다. 이 전술은 큰 효과를 거두었다. 충각 전술에 당한 적함은 여지없이 깨지거나 침몰하고 말았다.

해군 대장군에 임명된 왕건은 맨 처음엔 집안에서 보유

하고 있던 상선으로 함대를 꾸렸다. 전투용 함선을 건조하기에는 시간이 촉박했기에 우선 배의 앞뒤로 뾰족한 쇳덩이나 두꺼운 소나무를 덧대어 전함으로 사용했다.

단단한 쇳덩이는 그 자체만으로도 충분히 배를 파괴할 만했다. 또한, 뱃머리에 덧댄 소나무는 워낙 무겁고 튼튼해서 적함에 큰 충격을 줄 수 있었다. 작전회의를 거듭하던 도중 수전에 능한 한 부하가 충각 전술을 고안해냈고, 왕건이 이를 적극적으로 받아들인 것이었다. 개조한 전함을 전진시켜 적함과 충돌하는 충각 전술은 뜻밖에 큰 효과를 거두었다. 원거리에서는 궁수들이 적병을 쓰러뜨렸고, 근거리에서는 충각 전술로 적함을 차례로 격파해 나가니 후백제의 수군은 금세 전열이 흐트러지고 패색이 짙어졌다.

몇 시진 동안 이어진 전투 끝에 왕건의 전함들이 후백제의 전함을 모조리 격퇴했다. 바다에는 부서지고 깨어진 적함들이 난파선처럼 흩어져 있었다. 나머지 적함들은 후퇴하느라 정신이 없었다. 왕건의 부하들은 후백제군의 5백여 수급을 거두는 전과를 올렸다. 왕건은 금성군을 휩쓸면서 열 개의 군현을 장악했다.

"폐하! 적들을 모두 물리치고 금성군을 복속시켰사옵니다."

왕건은 송악에 장계를 올려 승전 소식을 알렸다. 그런 다음, 금성군의 호족들을 만나 그들의 생각을 듣고 싶었다.

"견훤은 금성군을 다스릴 때 강압적인 정책을 펼쳤어. 그 때문에 금성군의 호족들이 반발하면서 우리 후고구려에 귀부하려 한 것이야."

궁예는 금성군의 호족들로부터 구원 요청을 받았던 것을 몇 번이고 자랑스럽게 말한 바 있었다. 이 지역의 호족들은 대부분 장보고 시절부터 서로 연계하고 교류하던 해상 세력이었다. 그들은 당나라와 무역을 할 때는 선단을 구성해서 함께 움직였다. 해적이 나타나면 함께 싸우기 위함이었다. 이 같은 연대 의식이 있었기에, 어려운 일이 있으면 함께 힘을 합하여 해결하는 의리를 보여주면서 결속력을 다지기도 했다.

장보고의 몰락 이후에도 해상 세력들은 느슨하거나

마 연대하고 있었다. 그들은 송악의 해상세력인 왕륭과도 깊게 유대하고 있었다. 그런 연유로 왕륭을 비롯한 송악의 호족들은 금성군의 호족들과 바닷길로 연결되어 있었다. 무주에 군림한 견훤의 권력이 강대하게 다가올수록 이 지역의 해상 세력은 동류의식을 공유할 수 있는 누군가가 필요했다. 송악의 해상 세력들이 결집해 있는 후고구려에 의탁할 마음이 더욱 커진 것은 이 때문이었다.

왕건은 민심을 빠르게 수습한 뒤 곧장 금성군의 해상 세력들과 만났다. 그는 이곳에서 후고구려에 대해 우호적인 나총례와 같은 호족들을 만날 수 있었다. 그들과의 만남을 통해 왕건은 점령군의 수장으로서가 아닌, 같은 해상 세력으로서의 공통점을 확인하고 우의를 다지면서 그들의 마음을 사로잡았다.

양주성 싸움

왕건은 금성군에 일부 군사를 주둔시켜 놓은 뒤 송악으로 되돌아갔다. 왕궁성에 도착하자, 궁예는 웃음이 가득 띤 얼굴로 왕건을 환영해 주었다.

"서남쪽 바닷길의 관문인 금성군을 우리 영토로 편입시킨 공로가 매우 크도다."

궁예는 이렇게 칭찬하며 왕건에게 화려한 축하연을 베풀어 주었다. 하지만 어딘지 경직된 표정을 감출 수 없었다. 왕건은 그 이유를 알 길이 없었다.

뒤숭숭한 나날들이 이어지던 어느 날, 궁예가 왕건의 군영에 관리를 보내 궁성으로 들어오라는 명을 전했다.

"대장군! 폐하께서 급히 찾으십니다."

"알겠소."

왕건은 휘하 장수 몇 명에게 군영의 임시 지휘를 맡기고 입궁했다. 대전에 들어서서 예를 갖추니, 장삼을 차려입은 궁예가 보좌에서 왕건을 내려다보며 말했다.

"지금 후백제가 양주를 공격하고 있다는 첩보가 들어왔소. 그리고 양주의 호족 김인훈이 우리에게 구원을 요청했소. 대장군은 지금 즉시 양주로 가서 후백제군을 물리치고 호족 김인훈을 구하시오!"

"명을 받들겠나이다."

왕건은 곧 군영으로 돌아와 휘하 장수들을 이끌고 양주(지금의 경남 양산)로 출동했다. 왕건은 2천여 군사들을 전함에 태우고 바다로 나아갔다. 김인훈은 원종·애노의 난 이후 반란 세력을 소탕하는 과정에서 성주를 자처하게 된 호족 가운데 하나였다. 그는 양주 지역의 우두머리가 될 정도로 세력을 키웠지만 갑작스러운 후백제의 공격을 받아 성이 함락될 위기에 처하자 궁예에게 도움을 요청했던 것이다.

양주에 도착하니, 후백제군은 성을 맹렬히 공격하고 있

었다. 김인훈은 성을 지키기 위해 병사들과 함께 힘겹게 싸우고 있었다. 왕건은 수륙 양면의 공격을 통해 후백제군을 요격할 생각이었다. 뭍에 상륙하자마자 육전과 수전을 담당하는 주요 부장들에게 명령했다.

"기병은 먼저 적들의 허리를 끊어라! 좌군과 우군은 선두와 후미를 공격하라! 수군은 중군에 위치하면서 도망치는 적들을 남김없이 해치워라!"

왕건은 휘하 장수들에게 작전 지시를 한 뒤 칼을 빼 들어 크게 외쳤다.

"공격하라!"

왕건의 명령이 떨어지자 기병들이 전속력으로 돌진하여 후백제군의 허리를 갈라놓았다. 갑자기 공격을 받은 후백제군은 단말마의 비명을 지르며 쓰러졌다. 대오가 흐트러지자 걷잡을 수 없는 공포에 질려 도망치는 자들도 있었다.

"물러서지 말고 싸워라! 도망하는 자는 목을 벨 것이다!"

견훤이 무서운 표정으로 소리쳤지만 이미 사기가 떨어

지고 겁에 질린 후백제군은 우왕좌왕 서로 뒤엉키며 꽁무니를 빼기 바빴다.

"지금이다! 좌군과 우군은 선두와 후미를 쳐라!"

왕건이 다시 한번 공격의 고삐를 죄었다. 기병이 종횡무진 적들 사이로 파고들며 파죽지세로 몰아붙였다. 후백제군의 일사불란한 지휘 체계가 삽시에 무너졌다. 그 틈을 노려 왕건의 좌군과 우군이 벼락같이 덮쳐서 마구 칼을 휘둘렀다. 그 기세에 눌린 나머지 후백제군이 밀리기 시작했다. 좌군과 우군이 합세하여 적의 퇴로를 차단할 때 중군이 쇄도하여 마구 도륙해 나갔다. 순식간에 적들의 시체가 쌓여 갔다.

"후퇴하라!"

다급해진 견훤이 퇴각 명령을 내렸다. 후백제군이 썰물 빠지듯 우르르 뒷걸음질을 치다가 허둥지둥 골짜기 저편으로 사라졌다. 왕건은 군사들을 거느리고 성안으로 들어갔다.

"왕건 대장군! 고맙소이다. 이 은혜를 어찌 갚을지……."

성주 김인훈이 왕건의 두 손을 맞잡고 사의를 표했다.

그의 눈시울이 젖어 있었다.

"아닙니다. 감사 인사는 저를 보내신 폐하께 드리십시오."

왕건은 김인훈이 연회를 베풀어 준다는 것을 사양하고 이틀간 성안에서 유숙한 뒤 송악으로 되돌아갔다. 무너진 성벽, 불에 타버린 건물들, 죽거나 다친 군사들, 사선을 넘나들며 함께 싸운 성안 백성들의 피폐한 얼굴이 불현듯 떠올랐다. 돌아오는 발걸음이 내내 무거웠다.

'이 전쟁의 끝은 어디인가? 백성들이 안정과 평화를 느끼며 살 수 있는 방법은 없는 것일까?'

전함 위에서 혼자 중얼거리던 왕건은 언젠가 아버지가 들려주신 말씀을 떠올렸다.

'언젠가 네가 그럴 만한 위치에 올라선다면, 반드시 삼한일통을 이루도록 하여라.'

함부로 입 밖에 내놓을 수 없는 비밀스러운 당부였다. 아버지의 유언이 된 그 당부를 철이 든 이후로 단 한 번도 잊은 적이 없었다. "너는 왕이 될 운명이다."라고 했던 도선 대사의 예언도 떠올려보았다. 마음 깊숙한 곳에 갈무리해 놓았던 그 말들은 부지불식간에 되살아나곤 했다. 적선을 격침하는 바다 위에서, 적들과 치열하게 전투를 벌이는 골짜기와 평원에서 언뜻언뜻 강렬한 불꽃처럼 일렁이는 말들이었다.

궁예는 송악의 왕궁성에 도착한 왕건을 대대적으로 환영했다.

"이번 전투로 그대가 양주성을 지켜내서 무척 기쁘구나! 무엇보다도 양주의 호족 김인훈을 구한 공로가 비할 바 없이 훌륭하도다! 이 고마움을 어찌 표현하랴?"

궁예는 왕건의 두 어깨를 붙잡고 친구를 대하듯이 두어 번 흔들었다.

"망극한 말씀은 거두어주소서. 폐하께서 기뻐하시니 그것으로 만족하옵니다."

왕건은 거듭 고개를 숙여 황송해했다. 궁예는 금성군 점령과 양주성의 김인훈을 구한 공로로 왕건에게 백마 한 필과 금붙이 한 상자, 비단 수십 필, 토지와 노비 등을 하사했다.

대(大)동방국 마진

 궁예는 송악에 도읍을 정할 때부터 불편한 심정에 사로잡혔다. 첫 도읍지인 철원에 비해 두 번째 도읍지인 송악에서는 자신을 견제하는 해상 세력에 온통 둘러싸여 있는 셈이었기 때문이다. 그는 나라를 세울 때의 기개와 자신감을 점점 잃어가고 있었다. 편중되지 않고 바르게 정사를 펼치려는 공명정대함도, 자애로운 군주의 기상도 엷어지고 있었다.

 궁예는 주변을 의심의 눈초리로 바라보기 시작했다. 사방이 고구려계 호족들이고 자신을 지지하는 세력은 소수였다. 이렇게 가다가는 삼한일통의 과업을 달성하지 못할 것이라는 불안한 생각이 들었다.

'가만, 삼한일통을 하면 뭐하나? 더 넓은 세계를 품어야 하는 것 아닌가? 요동을 발아래에 두고 사해로 뻗어나갈 광대한 나라를 만들어야 하지 않겠는가?'

원대한 꿈에 부푼 궁예는 문득 옛 고구려의 영광을 되찾고자 하는 고구려계 후손들의 열망이 보잘것없게 여겨졌다. 옛 백제의 부활을 꿈꾸는 견훤의 야망도 부질없게 느껴졌다. 신라에 대한 증오심은 더욱 깊어졌다.

'당나라를 끌어다가 동족의 나라들을 멸망시킨 교활한 나라. 그 사악한 이기심 때문에 광활한 요동 땅을 영영 빼앗긴 패역한 나라. 당나라와 피투성이로 싸운 끝에 겨우 대동강 이남의 좁은 구석에 쪼그라져 있다가 내부 분열로 망해 가는 나라. 후궁의 소생이라며, 재앙의 씨앗이라며 죽음의 구렁텅이로 나를 몰아넣고 쫓아낸 저주받을 나라. 신라여! 내가 짓밟아주마, 아주 처참하게.'

궁예는 어느 순간부터 대전에서 불경을 외고 목탁을 두드리며 염불을 했다. 신료들은 그가 두려워 감히 아무 말도 하지 못했다. 궁예는 궁궐 안에서 늘 위엄을 갖춰 입던 황제의 예복을 벗고 검은 갈색 가사에 화려한 장식을 곁들인 붉은색 가사를 걸쳤다. 머리에 금빛 고깔을 쓴 그의 모습은 임금이라기보다는 승려 같았다. 외눈에 금빛 안대를 두르고 사람을 무섭게 쏘아보는 외양만 보면 영락없이 다른 세계에서 온 도인이나 술사 같았다.

연회가 끝난 뒤, 왕건은 오랜만에 집으로 가서 어머니께 문안 인사를 드렸다.

"왔구나, 우리 아들!"

어릴 적 옛이야기를 맛깔나게 들려주던 어머니는 그 사이 흰머리가 늘고 몸도 조금 야윈 듯했다. 전쟁터에 나간 자식을 걱정하느라 마음고생이 얼마나 심했는지 가늠조차 할 수 없었다. 하지만 지금은 아들이 눈앞에 늠름하게 서 있는 것만으로도 위안이 되는 듯했다. 어머니는 말없이 아들의 손을 부여잡고 기쁨의 눈물을 흘렸다.

"어머니, 제 걱정은 하지 마세요. 그저, 늘 건강하셔야 해요."

왕건은 비로소 고향에 돌아왔다는 안도감이 들어서, 같은 말만 되풀이했다. 이튿날에는 집안 어른들과 송악의 여러 호족을 찾아가 안부를 물었다.

"요즘 우리 폐하가 좀 이상하다네."

"임금이 임금답지 않고 절간의 스님처럼 군다니까, 글쎄."

"대소 신료들을 의심하는가 하면 불경을 입에 올리면서 준엄하게 꾸짖기도 한다오. 장군도 조심하시오."

친족 어른들은 말할 것도 없고, 만나는 호족들마다 비슷한 말을 했다. 왕건은 매우 염려되었으나, 그들과 더는 긴 얘기를 나누지 못하고 군영으로 가야 했다. 전함을 수리하고 군대를 조련하느라 쉴 틈이 없었다. 미구에 다가올 전투를 생각하다 보면 아무 일에도 신경을 쓰지 못했다.

얼마 후, 금성군에서는 견훤이 몇 차례 군사를 이끌고 쳐들어왔다는 보고가 올라왔다. 왕건은 부하들에게 전함 수리를 빨리 끝마치도록 채근했다. 그리고 휘하 장수들을 모아놓고 수시로 작전회의를 열었다.

"견훤의 군사력이 막강하니 안심할 수가 없다. 전함 수리가 끝나면 곧장 금성군으로 출정할 것이다!"

그즈음 궁궐 안의 대신들은 살얼음판을 밟는 것처럼 조

심하며 지냈다. 다들 두려움 속에 숨을 죽이는 사이, 계절이 가을에서 겨울로 바뀌더니 어느새 한 해가 훌쩍 지나갔다.

904년, 궁예가 대소 신료들 앞에서 입을 열었다.

"대신들은 들으라! 짐은 만백성들 앞에서 이제부터 우리의 새로운 국호가 마진이며, 연호가 무태임을 당당히 밝히노라. 마진이란 무엇인가? 마진은 마하진단을 줄인 말이니, 마하는 크다는 뜻이고 진단은 동방이란 뜻이니라. 그동안 사용해온 국호는 삼한 가운데 고구려만을 가리켜서 협소함이 지나쳤노라. 새 국호인 마진은 글자 그대로 동방의 큰 나라를 뜻하는 바로다. 짐은 오늘 마진을 국호로 삼음으로써 우리가 동방의 대제국임을 온 누리에 떨치려 하노라!"

궁예의 발표는 고구려계 호족들을 충격에 빠뜨렸다. 그들은 궁예가 후고구려를 건국한 지 불과 3년 만에 국호를 바꾼 것을 불쾌하게 여겼다. 그뿐만이 아니었다. 궁예는 머지않아 송악에서 철원으로 다시 도읍을 옮기겠다는 의중을 대신들에게 전했다. 패서의 호족들은 궁예의 이런 조치에 당혹감과 실망감을 느꼈다. 그것은 왕건도 마찬가지였다.

'애당초 송악에 도읍을 정한 것은 고구려를 계승하겠다는 의지의 표현이 아니었던가? 그런데, 하루아침에 철원으로 천도한 것은 그 원대한 뜻을 뒤집는 것이란 말인가?'

왕건은 갑자기 목표를 상실한 사람처럼 혼란에 빠졌다. 송악을 바쳤을 뿐만 아니라 젊은 열정을 불태우며 목숨 걸고 전쟁터에 뛰어든 자신이 회의감을 느끼고 번민하기에 충분했다. 하지만 젊은 날부터 주군으로 모신 궁예를 향한 충의만큼은 올곧게 지켜나가기로 다짐했다. 괴롭고 무거운 결단이었다.

궁예는 송악으로 천도한 뒤 고구려계 호족들에 둘러싸인 것을 불안해했다. 그는 왕권을 강화하기 위해 신정정치를 표방하고자 했다. 스님의 법복을 두르고 황금빛 두건을 썼다. 정사를 돌볼 때는 불경을 인용해 말했다. 자신을 미륵불이라고 칭했다. 관심법으로 사람의 마음을 꿰뚫어 볼 수 있다는 말을 자주 했다.

동방의 큰 나라를 지향하는 것, 그것은 국호를 바꾸는

커다란 명제이자 이유였다. 삼한의 좁은 테두리를 벗어나서, 요동 벌판을 호령하던 고구려까지 뛰어넘는 천하관을 선포하는 것은 실로 웅대한 야망이 아닐 수 없었다. 궁예가 생각해낸 마진이라는 국호는 부처님의 가피 아래 대동방국의 이상향을 담는 그릇이었다.

'대동방국은 과연 어떤 나라일까? 마진이 도달해야 할 곳은 어디일까? 불국토일까, 아니면 미륵 세상일까?'

왕건은 전함을 타고 적들과 싸우는 가상 연습을 진행하면서도, 언뜻언뜻 떠오르는 미래에 대한 불투명한 환영을 떨쳐내느라 저도 모르게 목소리가 높아지곤 했다.

"지금 눈앞에 적이 있다고 가정하고 전투 대형으로 배를 몰아라! 선봉에 서는 배를 홀로 두지 말고 뒤에서 바짝 따라붙으며 호위해야 한다. 알겠느냐?"

"알겠습니다!"

공격과 방어 훈련을 되풀이하는 동안 병사들은 공격이 최선의 방어임을 저절로 깨달았다. 왕건은 휘하 장수들에게 전략과 전술의 큰 그림을 알려주고 전투 현장에서 적용할 것을 지시했다. 전투 훈련은 휘하 장수들이 발탁한 비장들이 도맡았다.

"공격과 함께 중요한 것은 후퇴이다. 후퇴할 때도 언제든 공격으로 돌아설 수 있어야 한다. 그러기 위해서는 기민함을 갖추어야 한다. 진퇴할 때마다 상대의 허를 찌르는 전술을 구사하는 것이 무엇보다 중요하다."

비장은 자신이 맡은 군사들에게 엄격한 훈련과 연습을 시켰다. 무기를 다루는 법, 효과적으로 적을 제압하는 방법, 진법을 활용해 적의 진지를 포위하고 점령하는 방법 등 군사 훈련의 강도를 점차 높여 갔다. 왕건은 수시로 각 부대를 돌면서 훈련에 소홀함은 없는지, 부대원들에게 부족한 점은 없는지 등을 살폈다. 이와 동시에 허술한 대목이 발견되면 엄중한 지시를 내려 마음을 다잡는 것을 잊지 않았다.

"날마다 활쏘기를 10순 이상 하도록 하라! 너희는 육지에서도 자유자재로 싸우는 전천후 군사가 되어야 한다. 그런 의미에서 창검술과 말타기도 빠짐없이 연마하도록 하라!. 수군으로서 배와 한 몸이 되어 바다로 빠르게 나아가는 법, 선회하여 적의 측면과 후미를 공략하는 법을 익혀야 한다! 적이 육지로 달아나면 그때는 뭍에 올라 육전을 치러야 하니, 개별적으로 무예를 연마하는 데에도 최선을 다해야 한다!"

한 순에 다섯 발씩이므로 10순은 50발이었다. 어떤 병사는 명중률이 높았고 또 어떤 병사는 그보다 떨어졌다. 명중률이 낮은 병사에게는 다섯 순씩 더 쏘게 했다. 그러자 명줄률이 높은 병사들도 자발적으로 남아서 다섯 순씩을 함께 더 쏘았다. 타고난 재주보다 더 중요한 것은 연습이라는 것을 몸소 보여주는 장면이었다. 왕건은 활쏘기 실력이 뛰어난 궁수들을 가려 뽑아 그들 집으로 땔감과 식량을 보내주었고, 술과 고기를 푸짐하게 먹을 수 있도록 하는 등 두둑하게 포상했다.

무예를 단련하는 과정에는 끝이 없었다. 모든 것을 몸으로 익히고 터득해야 하는 몸 기술이었다. 막상 살과 피가 튀기는 전투의 현장에서는 길게 생각할 여유가 없었다. 실전 같은 훈련을 반복하며 몸으로 체화해야만 적을 맞아 싸우는 과정에서 효과적인 전술을 적시에 구사할 수 있는 것이다. 훈련은 아침나절부터 점심 먹을 때까지, 점심 후 어스름 녘이 될 때까지 계속되었다.

'몸으로 익힌 것이 무르익어 언제 어디서든 반사적으로 반응할 수 있도록 훈련과 연습을 반복하는 나날들이 이어질 때, 출정의 순간은 부지불식간에 찾아올 것이다.'

왕건은 높다란 지휘 장대에 올라 휘하 장수들과 군사들이 한데 어울려 훈련에 몰두하는 광경을 지켜보며 깊은 생각에 잠겼다.

철원 재천도

905년, 궁예는 대신들에게 다짐한 바와 같이 송악에서 철원으로 다시 천도했다. 자신의 근거지였던 곳, 맨 처음 도읍지로 정했던 곳으로 되돌아간 것이다. 송악의 땅을 바치고 왕궁성을 축성하는 데 막대한 재정과 인력을 지원한 왕건으로서는 무척 허탈한 노릇이었다.

한 해 전, 궁예는 국호를 마진으로 바꾼 뒤 옛 도읍지로 다시 천도하겠다고 선언한 뒤 철원에 새 궁궐을 짓기 시작했다. 이때 자신이 처음 군사를 일으켰던 서원경(지금의 청주) 지역의 아지태와 더불어, 서원경에 거주하던 지역민 1천 호(戶)를 철원으로 이주시켰다. 가구당 다섯 명씩만 어림잡아도 5천여 명이 도읍지의 새로운 백성이 되는 것이니, 실로 어마어마한 규모의 사민정책(徙民政策)이었다.

철원은 궁예가 세력을 일으킨 곳이었으나 송악으로 도읍을 옮긴 뒤에는 사람이 살지 않는 텅 빈 고장이 되어 있었다. 여기저기서 발생한 민란과 성주를 자처한 호족들의 패권 다툼, 그리고 전국을 혼란의 도가니로 몰아넣는 후삼국 전쟁의 틈바구니에서 버려진 땅이 되어 있었다. 폐허나 다름없는 곳을 다시 손보아 궁성을 축조하려니 나라에서 어마어마한 비용을 부담해야 했다.

"신라의 읍성과 주현을 쳐서 비용을 충당해야겠다!"

돌파구가 필요했던 궁예는 휘하 장수들을 시켜 사벌주 인근에 흩어져 있는 30여 곳의 주현을 정벌하도록 했다. 궁예가 심복 이흔암에게 공주를 치게 하자, 군사들이 몰려오는 기세를 본 공주의 장군 홍기가 먼저 투항했다. 그는 공주 지역의 물자와 인원을 궁예 정권에 자발적으로 제공했다.

궁예는 계속해서 후백제의 영향권에 놓여 있던 지역들을 공략하면서 궁극적으로는 신라를 복속시키고자 했다.

이때 평양성주인 검용이 귀부해 왔고, 뒤이어 시루성(지금의 울산) 부근에서 붉고 누런 옷을 걸친 도적의 수괴 명귀 등이 투항해 왔다. 반면, 궁예는 신라에서 귀순하는 자들에게는 자비를 베풀지 않았다.

"너희는 멸도에서 온 자들이니 살려두지 않겠다!"

궁예에게 귀순을 요청한 신라인들은 환대가 아니라 죽음의 형벌을 받았다. 그즈음 궁예의 정벌 활동은 어느 정도 성과를 거두었다. 정복지에서 세금을 징수하자 텅 빈 곳간이 조금씩 채워졌다. 새로 편입한 읍성의 백성 중에서 성인 남성은 대부분 축성 작업에 동원했다. 이러한 일들은 국가의 재정을 절감하는 요인으로 작용했다.

궁예는 나라의 힘을 모두 끌어모아 크고 호화로운 철원성을 세웠다. 풍천원(지금의 강원도 철원군 철원읍 홍원리 북쪽 지역에서부터 동송읍 월정리와 중강리까지 걸쳐 있는 지역)이라 불리는 대평원에 세워진 철원성은 궁예의 야망이 투영된 왕궁성이었다.

대부분의 궁성이 원형이거나 반원형인 데 비해 철원성은 특이하게 장방형으로 축조된 평지성 형태의 왕궁성이었다. 현무암 암반 위에 세워진 외성의 둘레는 약 32리, 내성의 둘레는 약 20리, 총면적이 29만 평에 달할 만큼 거대한 규모였다.

철원성은 우뚝 솟은 운악산과 명성산으로 둘러싸인 분지에 조성된 도성이었다. 서원경에서 강제 이주시킨 백성들을 동원해 대규모 토목공사를 벌인 까닭에 백성들의 한숨과 노고와 원망이 하늘을 찔렀다. 이주민들의 눈물과 희생 위에서 여러 악조건을 딛고 축성된 왕궁성은 신라의 궁성에 비견될 만큼 화려했다.

남북으로 긴 직사각형 모양을 한 철원성 내부에는 여러 개의 관아와 시장, 격구장으로 사용할 목적으로 만든 넓은 광장이 마련되어 있었다. 이곳은 여러 형태의 크고 작은 국가 의례가 치러지는 장소일 뿐만 아니라 대규모 군사훈련과 사열이 이루어지는 군사적인 공간이기도 했다.

궁성에는 포정전과 의봉루 등의 각종 전각 및 궁궐의 창고인 내고(內庫)를 마련해 놓았다. 왕궁성 근처에는 궁예가 마음 놓고 드나들 수 있는 불교 사원도 여러 채 지어 놓았으며 우뚝 솟은 석탑을 중심으로 여러 개의 석등을 군데군데 설치했다.

철원으로 천도한 이후, 궁예는 마진의 연호를 무태에서 성책으로 바꾸었다. 또한 외적의 침입에 대비해 승양산성(지금의 강원도 평강 지역)과 중어성(지금의 철원 가단리 지역)을 축조하는 등 방어체계의 구축에도 힘을 기울였다.

궁예는 이곳에서 진정한 동방의 대제국을 건설하겠다는 원대한 야망을 품었다. 득의에 가득 찬 궁예는 자신이 미륵불의 현신이라고 공공연히 말하면서, 백성들을 자애와 연민으로 감싸 안으며 불국토의 이상향을 실현하겠다고 선포했다.

궁예는 철원성에 입성하고 난 뒤 얼마 동안은 고구려계 호족들에게서 벗어나 자신의 본향과도 같은 철원으로 천도한 것에 대하여 흡족함을 나타냈다. 그렇지만 호화로운 궁궐을 짓느라 천문학적인 재정 지출을 하는 바람에 국고가 바닥을 드러낼 정도가 되어 버려서 전전긍긍하는 나날이 많아졌다.

사치스럽기 그지없는 궁궐과 누대를 짓느라 백성들은

내야 할 세금이 갑절로 늘어났다. 허리띠를 졸라매면서 살림을 살아야 하는 만큼 민초의 시름은 깊어만 갔다. 갑작스러운 천도로 인해 송악의 호족들은 상실감을 넘어서는 뒤틀린 감정을 느끼기에 이르렀다.

고구려의 옛 영토를 되찾겠다며 호언하던 궁예를 처음에는 다들 신뢰했다. 큰 기대를 걸었던 것도 사실이었다. 하지만 자신만의 안위를 위해 송악의 도성을 버리고 철원으로 되돌아갔기 때문에 신의를 저버린 군주라는 의심을 하기에 이르렀다. 신뢰와 기대는 어느새 불신과 실망감으로 바뀌었다. 배신감마저 느끼는 이들도 있었다. 송악의 호족들은 시간이 지날수록 점차 궁예에 대한 반감이 커져 갔다.

이 같은 감정을 자초한 이는 궁예였다. 그는 도읍지인 송악에서부터 고구려계 호족들을 경계했다. 때로는 적의를 드러내기도 있었다. 사람은 감정의 동물인지라 송악의 호족들도 그러한 궁예에 대해 차츰 거리감을 나타냈다. 시간이 지날수록 그 거리감은 더욱 커져서 불신으로 이어지게 된 것이다.

궁예에게는 자신을 절대적으로 지지해주는 세력이 필요했다. 서원경에서 철원으로 이주한 백성들이 자신을 따르는 세력이 되기를 내심 바랐다. 하지만 그들은 졸지에 대대로 살아오던 고향에서 뿌리째 뽑혀 나온 부평초에 지나지 않았다.

그들도 처음에는 왕도에서 살게 되리라는 장밋빛 꿈에 부풀어 있었다. 하지만 막상 남부여대하여 머나먼 곳에 정착하고 보니, 모든 게 부질없는 꿈이었음을 깨달았다. 밤낮없이 무거운 성돌을 지고 나르며 흙을 다지는 노역자로 전락한 자신의 모습을 보며 아연할 수밖에 없었다.

"폐하께서는 단지 일꾼으로 부리기 위해 우리를 이곳에 오게 한 것인가?"

백성들은 드러내놓고 말하는 것을 두려워했다. 하지만 자기들끼리 있을 때는 심중에 있는 말들을 은밀히 내뱉곤 했다. 나라에서 살 집과 전답을 준다고 해서 모두가 행복해지는 것은 아니었다. 산 설고 물 선 고장에서 농토를 가꾸는 일은 더디고 힘들었다. 게다가 몸 성한 남정네들은 날마다 왕궁성을 쌓는 일에 동원되니 한탄이 절로 나올 수밖에 없었다.

철원으로 이주한 백성들은 떠나온 고향을 그리워하는 향수병이 깊어졌다. 왕궁성 축조에 동원되느라 피로감이 쌓여 갔다. 시름이 깊어질수록 설움도 커졌다. 하지만 모든 걸 운명이려니 생각하면서 눈물도 근심도 꾹꾹 눌러가며 속으로 삭여야만 했다. 설상가상으로 그즈음 유례없는 흉년까지 들었다. 민심은 더욱 흉흉해졌다.

궁예는 날이 갈수록 예민해졌다. 그동안 마음에 들지 않았던 송악의 호족 한두 명을 귀양 보내거나 감옥에 가두는 일이 생겼다. 이 일로 고구려계 호족들의 반발심은 더욱 커졌다. 그럴수록 궁예는 신경질이 많아졌고 포악한 면모를 보이는 일이 잦았다. 왕건은 철원성에 있기가 괴로워졌다.

어느덧 왕건에게는 전투를 함께했던 장수들 중에서 따르는 이들이 생겨났다. 신숭겸, 배현경, 홍유, 복지겸 등이 그들이었다.

"장군! 도성에 있다가는 공연히 된서리를 맞을 수 있겠습니다. 폐하의 눈에 띄지 않는 변방에서 적들과 싸우는 게 낫지 않겠습니까?"

어느 날, 평소에 과묵하기로 소문난 신숭겸이 왕건과 활쏘기를 하던 중 목소리를 낮추어 얘기했다.

"능산 아우도 그렇게 생각하고 있는가? 어쩌면 내 마음과 그리도 통하는가?"

왕건은 씩 웃으면서 화살을 날렸다. 며칠 후, 왕건은 궁예에게 나주와 서남해안을 둘러보겠다고 주청한 다음 윤허를 받아 남쪽으로 내려갔다. 신숭겸, 배현경도 함께였다.

906년, 견훤의 군사들이 사벌주에 출몰하여 신라의 여러 읍성을 휘젓고 다녔다. 궁예는 왕건을 다시 도성으로 불러들여 사벌주의 일을 처리하라고 명했다. 철원으로 복귀한 왕건은 정기장군 금식 등 휘하 장수와 함께 3천여 명의 부하들을 거느리고 사벌주로 내려가 사화진 아래에 진을 치고 있던 후백제군을 물리쳤다.

이런 일은 몇 번 더 되풀이되었다. 왕건이 철원성으로 돌아간 뒤에는 어김없이 후백제군이 같은 지역에 침입했고, 그때마다 다시 출정해 드잡이를 벌여야 했다. 왕건의 군사들은 견훤의 군사들과 싸울 때마다 승리했다. 하지만 이듬해에는 견훤이 후백제군을 이끌고 숭선군(지금의 경북 구미시) 이남을 공격하여 10여 개의 성을 빼앗았다.

907년, 주전충이 세운 후량이 당나라를 멸망시킨 뒤 중국에서는 오대십국 시대가 시작되었다. 황하 유역을 가운데 두고 화북을 지배했던 다섯 개의 큰 왕조를 오대라 불렀고, 화중과 화남, 그리고 화북 일부를 통치했던 열 개의 작은 나라를 십국으로 불렀다. 이들이 대륙에서 이합집산을 하는 동안 한반도는 한동안 외침에 시달리지 않았다. 그 대신 후삼국 간의 대결은 더욱 치열하게 전개되었다.

몇 년 후, 남쪽에서는 견훤이 다시금 금성군을 공격했다는 소식이 들려왔다. 호남의 곡창지대와 이어지는 서남해안은 후백제에는 더없이 중요한 요충지였다. 그 점에서는 마진 또한 양보할 수 없는 지정학적인 교두보였다. 서남해안은 바다로 연결된 통로인 까닭이었다. 이곳을 장악하게 되면 여러 나라와 인적·물적 교류를 자유롭게 할 수 있었다. 상선을 띄워 당나라와 일본 등지에 물건을 팔 수도, 수입해 올 수도 있었다. 교역이 활발해질수록 국부가 커지는 것이니, 서남해안은 그야말로 생명줄과도 같은 곳이었다.

덕진포 해전 이후 수군 육성에 총력을 기울인 후백제는 마진의 주둔군을 집요하게 공격했다. 두 나라 사이에 뺏고 뺏기는 공방전이 되풀이되었다. 왕건은 이번 출정이 매우 중요하다고 판단했다. 남쪽으로 진격하게 되면 반드시 후백제군을 응징하여 마진의 완전한 영토로 만들겠다고 다짐했다. 바로 그때, 궁예가 왕건에게 출정 명령을 내렸다.

"요즈음 후백제 군사들이 금성군을 자주 침범한다고 하니, 그대가 가서 평정하라!"

"예, 폐하!"

왕건은 곧 금성군을 향해 두 번째 출동을 서둘렀다.

3장

첫 번째 결혼

 신라의 국력이 기울어갈 즈음 남쪽 바다에는 신라구(新羅寇) 또는 신라 해적이라 불리는 자들이 나타나 어민들을 괴롭히기 시작했다. 그들은 교역을 위해 바다를 항해하는 상선이면 국적을 가리지 않고 막무가내로 공격했다. 그리고 걸핏하면 서남해안 일대의 바닷가에 들이닥쳐 마을을 닥치는 대로 약탈했다. 이들은 심지어 일본의 대마도나 규슈에까지 진출해 비단과 무명 따위의 공물을 교토로 운반하는 배를 공격하기도 했으며, 바닷가에서 일본 관군과 전투를 벌이기도 했다.

 신라의 중앙 정부에는 이들을 효과적으로 제어할 만한 힘이 없었다. 그런데 마침 견훤이 나타나 서남해안의 해적들을 소탕했기에 한동안 평온이 유지되었다. 견훤이 완산주에 도읍하여 후백제를 세운 뒤 나라의 기틀을 잡아 나가고 있을 때, 사라진 줄 알았던 해적들이 또다시 나타나 활개를 치기 시작했다. 서남해안 마을의 양민들은 예전처럼 이들의 출몰을 두려워하게 되었다.

이때, 능창이라는 걸출한 인물이 등장해 서남해안의 해적들을 모두 쳐부수었다. 그는 해도(海島) 출신으로서 수전에 매우 뛰어난 압해현의 장수였다. 그를 당할 자가 아무도 없을 만큼 수전에 능하여 수달이라는 별칭으로 불릴 정도였다. 능창은 바닷길을 잘 알고 물질에 능한 부하들을 데리고 중국에까지 배를 타고 다니며 교역했다.

그는 서남해안에 빈번하게 나타나 마을을 약탈하는 왜구를 격멸하는 일에 누구보다도 앞장서 왔다. 바다를 터전 삼아 생계를 유지해 나가던 어민들은 능창을 은인으로 여겼다. 과거에 장보고가 그랬듯이, 능창이 서남해안의 백성들을 해적으로부터 보호해주었기 때문이다.

바닷가의 어민들은 능창을 장군이라 부르며 우러러 받들었고 마치 어버이를 대하듯 존경해마지않았다. 왜구는 능창의 이름만 들어도 벌벌 떨었고, 그가 무서워서 다시는 나타나지 않았다. 마을을 불태우고 사람들을 끌고 가거나 잔인하게 죽이는 짓을 서슴없이 저질렀던 왜구들의 악행도 눈에 띄게 줄어들었다.

서남해안은 본디 장보고 장군이 지배했던 곳이었다. 장보고가 암살된 이후에는 우후죽순 생겨난 해적들로 인해 공포의 장소로 바뀌었다. 그러던 중 능창이 해적들을 무력으로 제압하고 압해도 일대의 섬을 장악하여 대호족으로 성장했다. 그의 부하들도 능창과 마찬가지로 수전에 능하고 용맹하기 이를 데가 없었다.

견훤은 신라 비장이던 시절에 해읍현(지금의 여수)과 여산현(지금의 여수 인근에 흩어진 도서 지역) 등의 해안에 출몰하던 해적 잔당을 소탕하고 무주를 장악했다. 그 이후 금성군을 장악하는 과정에서 능창과 만나 의형제를 맺은 바 있었다.

본디 해읍현은 백제 시대에 원촌현이었고 도서부는 돌산현이었다. 그러다가 신라 경덕왕이 원촌현을 해읍현으로, 돌산현을 여산현으로 이름을 바꾸었다. 신라가 9주 5

소경을 설치하던 시절 무진주에 속한 승평군은 해읍현, 여산현, 회양현(지금의 광양) 등 셋이었다. 견훤이 비장 시절 해적을 소탕한 서남해안이 바로 이 지역이었다.

그 후, 후백제를 세워 왕으로 등극한 견훤은 능창이 다스리던 또 다른 서남해안(지금의 나주에서 목포로 이어지는 포구와 해안) 일대의 독자적인 세력권을 인정해 주었다. 능창은 형식상으로나마 견훤을 주군으로 예우하게 되었다. 궁예가 김순식의 귀부를 받아주면서 그에게 명주를 다스리는 지배권을 인정해 준 것과 마찬가지였다.

그런데, 느닷없이 왕건이 금성군을 점령하면서 서남해안 일대의 지배권까지 빼앗아 가자, 견훤은 극도로 분노했다. 이때까지만 해도 견훤은 바다에서 벌이는 해전의 중요성에 대해 잘 알지 못했다. 그의 부하들은 모두 뱃길에 대해서는 아는 바가 없었으며 해전에 대한 실전 경험도 전무했다.

견훤은 능창에게 파발마를 띄웠다. 금성군을 되찾아야 한다는 견훤의 교지를 받은 능창 역시 분노로 몸을 떨었다. 능창은 정식으로 견훤과 군신 관계를 맺은 것은 아니었지만, 자신이 다스리던 지역을 빼앗기고 보니 물불 가릴 처지가 아니었다.

"아뿔싸! 내가 방심하고 있던 차에 왕건이라는 자가 금성군을 점령하고 서남해안을 장악하고 말았구나. 용서할 수 없다!"

그는 부하들과 함께 출동하여 금성군에 주둔한 마진의 군사들을 공격했다. 능창의 군사들이 급습하자 금성군에 주둔시켜 놓은 궁예의 부하들이 힘겹게 막아내면서 사상자가 발생했다. 부하들은 궁예에게 즉시 급보를 보냈고, 궁예가 왕건에게 금성군을 지키라는 명을 내린 것이다.

왕건은 휘하 장수들을 궁성 안의 군영으로 불러 모았다. 그는 작전회의를 하던 도중에 양미간을 찌푸리며 눈을 부릅떴다. 그의 부리부리한 눈에서 매서운 빛이 쏟듯이 나왔다.

"능창을 잡아야겠다!"

왕건은 금성군이 위태로워졌다는 사실을 장수들과 공유하며 이같이 말했다.

"옳으신 말씀입니다, 대장군!"

장수들도 왕건의 의중을 잘 알고 있었기에 큰소리로 대답했다. 왕건은 부하들을 거느리고 왕궁성을 떠나 정주의 군영으로 나아갔다. 전함 정비가 급했다. 왕건은 선박 정비 책임자에게 명을 내렸다.

"곧 출정해야 하니, 모든 전함의 정비를 최대한 빨리 마치도록 하라!"

"예. 보름의 말미를 주시면 그 안에 모든 정비를 마치겠습니다."

"더 빨리 할 수 없느냐? 필요한 인원은 더 보충해주겠다. 한시가 급하느니라."

"그렇다면 열흘의 말미를 주옵소서. 틀림없이 마쳐 보겠나이다."

"좋다. 그 안에 마치도록 하라!"

"알겠사옵니다, 대장군!"

왕건은 전함 정비에 관한 지시를 마친 뒤 실로 오랜만에 류천궁의 집으로 찾아갔다. 류천궁 부부가 반갑게 맞아주었으나 웬일인지 류씨 처녀는 보이지 않았다. 왕건이 궁금해하는 표정을 짓자, 이를 눈치챈 류천궁이 말했다.

"대장군! 제 여식은 오랜 기다림에 지쳐 비구니가 되었습니다."

"비구니가요?"

금성군으로 출정하기 전에 만났다가 헤어진 뒤로부터 벌써 6년여의 세월이 흐르고 말았다.

'전쟁터를 누비고 다니느라 따뜻한 말은커녕 소식 한 번 제대로 전하지 못했으니 그 기다림의 세월이 얼마나 길었을까. 나를 기다리다 지쳐 원망만 남았다 해도 할 말이 없구나. 가엾은 사람.'

왕건은 그 길로 류씨 처녀가 머물고 있는 사찰을 향해 말을 몰았다. 법당 안에서 예불을 드리고 있던 비구니가 보였다. 류씨 처녀였다. 머리를 깎고 중이 되었지만 한눈에 그녀를 알아보았다. 수년 전에 비해 더 성숙해진 모습이었다.

"대장군께서 여길 어떻게……?"

류씨 처녀는 합장을 하며 고개를 숙였다.

"나를 기다리다가 비구니가 되었다는 말을 들었소. 모

든 게 다 나의 잘못이오. 부디 용서해 주구려. 이제, 나랑 같이 갑시다."

왕건은 자신을 오래도록 잊지 않고 기다려준 류씨 처녀에게 미안하고 고마운 마음이 들었다. 평생 잊을 수 없을 만큼 한없이 갸륵한 마음씨를 지닌 순정한 사람이었다. 그러한 그녀에게 몇 년 동안 기별도 하지 않았던 자신을 자책했다. 원망하기는커녕 그리워하며 지조를 지켜온 이 사람이야말로 자신의 진정한 배필이 될 수 있다는 확신이 들었다.

왕건은 류천궁의 집에서 류씨 처녀와 혼례를 올렸다. 첫사랑의 여인과 백년가약을 맺었다는 게 신기할 뿐이었다. 하지만 신혼의 단꿈을 꾼 지 보름도 채 안 되어 왕건은 다시 길을 떠나야 했다. 금성군 평정이라는 본연의 임무를 수행하기 위해서였다. 류천궁의 집을 나서는 그를 류씨 부인이 배웅해 주었다. 왕건은 곧 돌아오겠노라는 말만 남기고 떠났다.

정주의 군영으로 돌아오니, 벌써 전함 정비가 다 끝나 있었다. 그날 오후, 왕건은 휘하 장수들과 더불어 작전회의를 마무리 지었다. 이튿날, 왕건은 알찬 종희와 김언 두 부장을 돌격대장으로 지명했다. 그런 다음 2천5백여 명의 병력을 나누어 군 편제를 추스른 뒤 남쪽으로 출격했다.

그즈음 왕건은 궁예가 고구려계 호족들과 마찰을 빚으며 갈수록 포악해지는 것을 보며 마음이 착잡해졌다. 철원성을 잠시라도 벗어날 수 있다는 것만으로도 홀가분해지는 마음이었지만, 가슴 한쪽에서는 깊은 그늘이 드리워지고 있었다.

'공자님은 일찍이 나라를 다스리는 아홉 가지 도리를 말씀하신 바 있는데, 우리 폐하께서는 과연 그러한 도리를 지키고 계시는가?'

왕건은 소년 시절 아버지로부터 배웠던 천하와 국가를 다스리는 아홉 가지 도리를 문득 떠올려보았다.

"건아! 『중용』을 펼치면 노나라의 임금 애공이 공자에게 가르침을 구하는 장면이 나온단다. '어떻게 나라를 다스려야 큰 나라가 될 수 있습니까?'라고 애공이 묻자 공자는 '무릇 천하와 국가를 다스리는 데는 아홉 가지 도리가 있습니다. 첫째는 자신의 몸을 수양하는 것이고, 둘째는 어진 이를 존경하는 것입니다. 셋째는 가까운 이를 살피는 것이고, 넷째는 대신을 공경하는 것입니다. 다섯째는 뭇 신하를 자신의 몸처럼 생각하는 것이고, 여섯째는 백성을 자식처럼 생각하는 것입니다. 일곱째는 온갖 기술자가 모여들게 하는 것이고, 여덟째는 이민자들을 부드럽게 포용하는 것입니다. 아홉째는 제후들을 회유하는 것입니다.'라고 대답했지. 이 아홉 가지 가르침을 잊지 말도록 하거라."

이 기준을 궁예에게 적용해 보니, 맞아떨어지는 것이 하나도 없었다. 관심법으로 신하들을 함부로 처벌하고, 신라에서 귀순해오는 자들을 마구 죽이는 일마저 서슴지 않는 폭군으로 변해가는 양상이어서 보통 심각한 일이 아닐 수 없었다.

'장차 이 일을 어찌하면 좋겠는가.'

왕건은 도성을 돌아보면서 깊은 한숨을 쉬었다.

수덕만세 태봉국

왕건이 수백 척의 함선을 거느리고 출정할 때 마침 남풍이 불었다. 순풍을 받아 남쪽으로 출항하는 전함의 행렬은 자못 위풍당당한 모습을 드러냈다. 왕건의 전함들이 무주 염해현(지금의 무안군 해제면 임수리)에 이르렀을 때, 항해 중인 커다란 배 한 척을 발견했다. 그 배에서는 후백제의 깃발이 휘날리고 있었다.

"저 배를 공격하라!"

왕건이 명을 내렸다. 종희와 김언 두 부장은 각각 자신이 탄 함선을 지휘해 빠르게 물살을 가르며 나아갔다. 두 함선이 좌우에서 에워싼 다음 양쪽에서 화살을 날렸다. 벌집 모양으로 들쑤신 다음, 양쪽에서 배를 붙이니 옴짝

달싹 못했다.

"등선하여 장악하라!"

돌격대원들이 큰 배에 재빨리 올라타 칼을 휘둘렀다. 저항하던 후백제의 병사들이 하나둘씩 쓰러졌다. 불의의 습격을 당한 후백제군은 순식간에 돌격대원들에게 모두 제압당했다. 김언의 부하들이 사로잡은 자들 중에서 고위 관료로 보이는 몇 명을 대장선으로 끌고 와서 왕건 앞에 무릎을 꿇렸다. 왕건이 위엄 있게 물었다.

"너희는 누구냐? 이 배는 어떤 배이고, 어디로 갈 작정이었느냐?"

그러자, 관복 입은 자들이 입을 열었다.

"이 배는 사신선이온데, 저희는 후백제에서 오월국으로 가는 사절단이옵니다."

그 말을 들은 왕건은 후백제의 사신들과 병사들을 모두 억류하라고 지시했다. 또한 배에 싣고 가던 값비싼 물품들을 모두 압류했다.

오월국은 오대십국 가운데 하나로서, 과거 당나라의 절도사였던 전류가 독자 세력을 형성한 뒤 항주와 저장 지역을 지배하고 있었다. 후백제는 강남의 오월국뿐만 아니라 후당, 거란, 일본에까지 사신을 보내 외교관계를 폭넓게 맺었고 그 나라들과 해상무역을 하면서 긴밀히 소통하고 있었던 것이다.

왕건은 계속해서 무주에 속한 여러 섬 사이로 항해했다. 그러다가 진도의 수군 기지를 급습해 점령했다. 또한 영산강 하구 쪽 압해도 인근의 작은 섬인 고이도(지금의 전남 신안군 압해읍 고이리)에 진입하여 고이도성을 함락했다. 후백제군은 완강하게 저항했지만 왕건이 손수 조련한 정예 병력의 기습을 막아낼 재간이 없었다.

진도군과 고이도를 정벌한 왕건은 종희와 김언에게 명했다.

"이곳에 진(鎭)을 설치하라!"

명을 받은 두 부장은 휘하의 비장들과 수백 명의 병사들을 데리고 진을 구축했다. 이후, 철원성에서 파견 나온 군사들이 진을 지키기 시작하면서 이곳은 마진의 견고한 요새가 되었다. 이 사실을 누구보다 빨리 알게 된 능창은 분통을 터뜨렸다. 뒤이어 첩보를 접한 견훤도 땅을 치면서 반격의 기회만 노리고 있었다.

왕건은 서남해안에서 매우 큰 진도군, 작지만 전략적 가치가 큰 고이도를 손에 넣은 것을 커다란 성과로 여겼다. 이곳은 금성군에서 넓은 바다로 나아가는 길목이었다. 후백제는 그동안 이 바닷길을 통해 중국과 일본을 비롯한 여러 나라와 폭넓게 교류하면서 독점적인 중계 무역을 해왔다. 이곳을 빼앗기면 중계 무역을 통해 더 이상 국부를 쌓을 수가 없었다. 서남해안은 국가의 흥망이 좌우되는 매우 긴요한 바다 영토였기에 견훤은 기필코 이곳을 탈환하고자 했다.

견훤이 이 지역을 탈환하고자 했던 이유는 또 있었다. 금성군을 마진국에 빼앗긴 뒤, 열려 있는 후방을 통해 언제든 공격당할 수밖에 없는 위치가 되어 매우 불안했기 때문이었다.

'만약 중원경(지금의 충북 충주 지역) 남쪽 지역과 금성군에서 마진의 군사들이 동시에 협공한다면 어찌 될 것인가?'

상상만 해도 아찔한 일이었다. 퇴로가 차단된 상태에서

양쪽에서 공격당한다면 국가의 존망이 위태롭게 될 게 뻔했다. 이처럼 위로나 아래로 후방이 적에게 훤히 열려 있는 상황이 지속되면 위험천만할 뿐만 아니라 마진을 공격하기도 어렵고, 신라를 공략하기도 어려워지는 것이다. 어떻게 해서든지 이 같은 최악의 상황을 극복해야만 했다.

"무슨 수를 써서든지 금성군을 탈환하라!"

견훤이 군 수뇌부에 지시를 내렸다. 곧이어 기병과 보병으로 이루어진 군사들이 남쪽으로 진군했다. 마진군과 후백제군 사이에 치열한 전투가 벌어지면서 금성군은 격전지가 되었다. 바다에도 수백 척의 전함을 띄웠다. 서남해안 일대에서 왕건의 군사들과 견훤의 군사들이 접전을 벌였다. 밀고 밀리는 공방전이 되풀이되면서 양측의 사상자는 눈덩이처럼 불어났다. 바다와 육지에서 벌어지는 싸움은 1년 동안 계속되다가 소강상태를 맞이했다.

이즈음 철원성에서는 새로운 변화가 생겼다.

"짐은 우리의 국호를 마진에서 태봉으로 바꾸노라! 태봉의 태(泰)는 천지가 어울려 만물을 낳고 상하가 어울려 그 뜻이 같아진다는 뜻이며, 봉(封)은 봉토이니 국가를 의미한다. 우리의 국호에는 영원한 평화가 깃든 평등 세계의 염원이 담겨 있도다. 아울러, 연호는 수덕만세로 고치노라."

911년, 궁예는 대동세상을 표방한 마진 대신 평화와 평등의 가치를 표방한 태봉으로 국호를 바꾸면서 본격적인 태봉국 시대를 선포했다. 오행 사상을 신봉했던 궁예는 금덕(金德)의 기운을 지닌 신라를 이기고자 자신을 수덕(水德)으로 칭하였다. 그 연장선상에서 국가의 연호를 수덕만세로 삼은 것이다.

궁예는 대전 내에서 혹은 사찰의 행사에서 자신을 미륵보살이라 칭했다. 과거에는 자신이 미륵보살인 것처럼 보이고자 했지만, 이제는 신하들에게도 공공연히 자신이 미륵보살이라고 말하면서 그것을 믿도록 했다. 궁예는 일상의 모든 행위와 언어 및 동작에서도 불심을 따를 것을 강요했다. 그는 불교 사상을 기반으로 하여 국가를 다스리고자 했다. 신정(神政)정치의 시작이었다.

궁예는 국호 변경과 더불어 왕궁성 내의 행정 체계를

모두 바꾸는 일대 개혁을 추진했다. 지금껏 사용해오던 신라의 관제를 폐지하고 태봉국 고유의 관제를 새로 편성했다. 광평성과 병부를 만들었고, 여러 관부와 관품 또한 그에 걸맞게 설치했다.

광평성은 모든 정치 행위를 담당하는 최고 기구였다. 신라의 집사부와 비슷한 기구로서 행정 관부의 머리라고 할 수 있었다. 광평성의 우두머리인 장관직은 시중이라 하여 관장하게 했다. 신라 집사부의 장을 시중이라 하는 것과 비슷했다. 시중은 황제를 보좌하는 행정부의 수반으로서 국정 전반을 관장하는 최고 요직이었다. 궁예는 대대적인 행정 체계 개편을 통해 전보다 더욱 안정적인 정치체제를 갖추게 되었다.

철원성에서 행정 각 부가 대대적으로 개편될 무렵, 서남해안에 내려간 왕건도 바삐 움직였다. 진도와 고이도에서 수군 진영을 설치하도록 감독을 하다가, 설치가 마무리되자 잠시 정주에 올라가 있었다. 정주에서 전함 정비를 마친 왕건은 수군을 이끌고 다시 금성군으로 나아갔다.

덕진포 해전

 왕건은 주둔군이 엄중하게 지키고 있는 진도와 고이도의 수군 진영을 오가며 물샐틈없이 바다를 지켰다. 언제 적선과 마주칠지 모르는 상황이라 한시도 경계를 늦출 수 없었다. 그런데 견훤 쪽에서 선수를 쳤다.

"폐하! 왕건의 수군이 지금 금성군을 향해 가고 있사옵니다."

 912년, 미리 풀어놓은 후백제의 병사들이 첩보를 가져왔다. 첩보를 받은 견훤은 금성군 밑에 있는 덕진포(지금의 전남 영암군 덕진면 덕진리)에 전함을 촘촘히 배치해 놓았다. 왕건이 오기 전에 발 빠르게 움직여 유리한 지점을 선점하고자 한 것이다.

이 상황을 알지 못한 왕건이 수백 척의 전함을 거느리고 서남해안에 이르렀을 때, 망루에 높이 올라가 있던 병사가 소리쳤다.

"대장군! 적함들이 바다에 가득 차 있습니다."

왕건이 대장선에서 바라보니, 목포에서부터 덕진포에 이르기까지 후백제의 전함들이 끝도 없이 이어져 있었다. 배의 머리와 꼬리가 밧줄로 묶어놓은 것처럼 잇닿아 있어서 마치 바다 위에 성을 쌓아놓은 듯했다. 후백제의 전함들은 바다를 메우고도 모자라 포구 안쪽에까지 빼곡히 떠 있었다. 뭍에서는 3천의 보기(보병과 기병)가 깃발을 높이 들며 창검을 번득이고 있었다. 금성군의 성을 후백제군이 빙 둘러 포위한 형국이었다.

"가히 대단한 군세로구나!"

그 모양을 본 왕건은 저절로 감탄사를 내뱉었다. 견훤의 용맹함이 후백제군의 사기에까지 영향을 미치고 있다는 것을 눈으로 확인한 셈이었다. 드디어 후백제군의 전함들이 다가오기 시작했다. 왕건의 부하들 중 일부는 바다를 새까맣게 뒤덮은 후백제의 군선들을 보면서 두려움에 사로잡혔다.

"적함들이 마구 몰려오고 있습니다."

병사 하나가 울상을 지으며 소리쳤다. 공포에 질린 표정이었다. 왕건은 그 병사를 토닥여준 뒤, 모두를 향해 큰 소리로 외쳤다.

"두려워하지 말아라! 전쟁의 승패는 그 수가 많고 적은 데에 있는 것이 아니다. 우리 병력의 의지가 하나로 뭉쳐 있느냐의 여부에 따라 승패가 판가름 나는 것이다. 적들의 수가 많다고 한들 우리 정예 수군을 어찌 당할쏘냐? 전진하라! 나가서 적들을 물리치자!"

왕건은 전함을 일자진으로 세워 적진을 향해 빠르게 전진시켰다. 매섭게 공세를 퍼붓자 견훤의 군선들이 주춤주춤 물러나기 시작했다.

왕건은 맨 처음 수군을 일으켜 금성군을 함락했을 때 이미 궁예로부터 크게 신임을 얻었다. 그 후 해군 대장군으로 영전할 만큼 수전에서 뛰어난 능력을 발휘했다. 그는 수많은 전투 경험을 통해 얻은 실전 감각을 끌어올려 매번 전장에 나아가서 승리를 거머쥐는 승부사가 되어 있었다. 더구나 병법에도 밝아 아군의 피해를 줄이면서 적들을 몰아붙이는 진법 활용을 적절히 구사해 매번 승전고를 울렸다.

'지금처럼 아군에 비해 적군의 수효가 압도적으로 많을 때는 난감하기 이를 데 없구나.'

왕건은 속으로 탄식하며, 부하들의 전의를 끌어올리는 데 힘썼다. 막상 맞붙어 싸우다 보니 후백제의 수군 진영에 빈틈이 보였다. 수군에 대해 알지 못하던 견훤이 뒤늦게야 수군을 편성해 바다에 나온 것이니 그럴 수밖에 없었다. 바다나 물길에 대해서 잘 몰랐고 배 위에서 싸워 본 경험이 없었으니 맹렬한 기세를 쏟아내기가 어려웠다.

왕건은 아군과 적군의 전력을 단숨에 간파해냈다. 아무리 그렇다 하더라도 많은 수의 적을 상대로 싸우는 것은 버거웠다. 물리치면 또 나타나고, 쳐부수면 또 나타나 힘에 부쳤다. 왕건의 부하들은 수적으로 두 배가량 많은 적함을 맞아 싸워야 했기에, 시간이 지날수록 포위망은 더 좁혀졌다. 아군의 손실을 줄이는 게 급선무였다.

"충각선과 과선을 전진 배치하여 포위망을 뚫어라!"

왕건이 대장선에서 휘하 장수들에게 소리쳤다. 명을 받은 장수들이 고함을 지르거나 깃발을 휘날리며 장병들에게 명령을 하달했다. 잠시 후, 뱃머리에 뾰족한 쇠붙이를 달아놓은 충각선과 선체에 날카로운 창을 꽂은 과선(戈船)이 앞으로 나아갔다. 좌우로 각 열 척의 충각선과 과선이 적진 한복판으로 뛰어들더니 적 함선의 옆구리를 들이받아 버렸다.

쾌지끈, 쿠쿵. 둔탁한 굉음이 터지면서 후백제군의 배에 커다란 구멍이 뚫렸다. 그 모습을 주시하던 태봉국의 비장들이 큰 깃발을 휘두르며 수신호를 보냈다. 아울러, 북을 두드려 진군하는 함선에 탄 군사들의 전의를 북돋아 주었다.

"악! 아악!"

파괴된 배에서 후백제군이 비명을 지르며 우왕좌왕했다. 왕건의 부하들은 계속해서 화살을 날렸다. 후백제 진영은 화살에 맞아 쓰러지는 자, 배 안에 물이 차올라 퍼내는 자, 충각선이 들이받을 때 배 밖으로 떨어져 파도에 휩쓸리는 자들로 인해 아수라장이었다. 왕건의 충각선과 과선은 적 진영을 어지럽히며 좌충우돌 돌파구를 열어나갔다.

그때, 마침 바람의 방향이 바뀌었다. 후백제군 쪽으로 세찬 바람이 불자, 왕건이 큰소리로 명을 내렸다.

"이때다! 불화살을 쏘아라!"

"예, 대장군!"

왕건의 부하들이 일제히 불화살을 날렸다. 후백제의 군선들 위로 활활 타오르는 불덩이들이 날아가 박혔다. 돛폭과 깃발들에 불이 붙기 시작했다. 순식간에 검은 연기가 치솟았다. 수십 척의 군선이 금세 화염에 휩싸였다. 후백제의 전함을 모조리 불태워버릴 듯한 무시무시한 화공이 덕진포에서 펼쳐졌다.

"계속 쏘아라!"

종희와 김언 부장도 목소리를 높여 화공을 거듭 명했다. 날이 저물어갔다. 태봉국의 전함 위에서는 궁수들이 쉴새 없이 쏜 화살이 하늘을 붉게 물들였다. 무수한 불화살이 맹렬한 속도로 후백제의 군선을 향해 날아갔다. 이글이글 타는 불꽃들이 어두운 밤을 환하게 밝혔다.

후백제의 기치를 높이 내건 수백 척의 군선들이 금세 불길에 휩싸여 침몰해 갔다. 견훤의 휘하 장수와 병사들도 불벼락을 피할 수 없었다. 불화살에 맞아 살이 타들어 가는 자, 부러진 돛대에 깔려 늑골이 부러진 자, 물에 빠져 파도에 휩쓸려 가는 자들의 울부짖는 소리가 끊이지 않았다.

전투는 동틀 무렵부터 시작해 자정을 넘겼고, 다음 날 오후가 될 때까지 치열하게 전개되었다. 석양 무렵이 되자, 화공 작전에 말려든 후백제군은 전멸 상태에 이르렀다. 덕진포 해전에서 왕건의 군사들은 후백제군의 5백여 수급을 베는 큰 전과를 거두었다. 명실상부한 왕건의 완승으로 마무리된 덕진포 해전이었다.

육지에서 수륙 협공을 준비하던 후백제의 병사들은 기세가 크게 꺾인 모습을 보였다. 해전을 승리로 장식한 왕건의 군사들이 뭍에 상륙해 파죽지세로 후백제군을 공격했다. 견훤은 자신의 병선들이 화염에 휩싸이며 침몰할 때, 사방에서 조여오는 태봉국 군사들의 공세를 피해 간신히 작은 선박을 타고 불타는 포구를 빠져나갔다. 견훤을 비롯한 장수들이 사라지자 금성군의 성을 에워쌌던 후백제군은 전의를 상실하고 도주하기 바빴다.

밤이 되었다. 전투가 한고비를 넘길 즈음 꿈결인 듯 환영인 듯 바다 위에 어떤 물체가 물 위에 우뚝 서 있는 게 보였다. 왕건이 두 눈을 부릅뜨고 보니, 그 물체는 다름 아닌 흰 수염을 늘어뜨린 노인이었다. 그가 입을 열어 말을 했다.

"송악에서 온 장군이여! 지금 강물이 빠졌으니 속히 군사를 거느리고 나아가라! 강 건너 꿈여울의 청룡리에 진을 치고 매복해 있으면 견훤이 군사를 몰아 뒤쫓아 올 것이다. 그때 매복병을 풀어 그들을 무찌르면 기필코 대승을 거두고, 훗날 그대가 삼한을 통일할 수 있을 것이다!"

그 말을 듣고 눈을 한번 깜빡이니 노인이 연기처럼 사라졌다. 왕건은 꿈과 생시가 뒤섞인 한밤중에 흰 수염의 노인이 일러준 대로 했다. 과연 한 식경이 지날 때쯤 견훤이 군사를 거느리고 쫓아왔다. 왕건은 호각을 불어 매복한 군사들에게 공격 신호를 보냈다. 그들이 일시에 공격을 감행하여 크게 쳐부수니, 견훤이 부하들과 더불어 허겁지겁 쫓겨갔다. 이때부터 꿈의 여울을 뜻하는 몽탄(夢灘), 군대를 격파한 내를 뜻하는 파군천(破軍川), 두 지명이 생겨났다.

능창의 최후

왕건은 한바탕 격전을 치른 뒤, 부하들을 거느리고 금성군 진영으로 돌아왔다.

"천하의 견훤이 꽁지가 빠지게 도주하는 모습이 가관이었습니다."

종희가 웃으며 말하자, 왕건은 무표정하게 한마디 했다.

"아직 좋아하긴 이르다. 호적수 한 사람이 버티고 있으니."

그가 말한 호적수란 수달이라는 별호로 불리는 호족 능창이었다. 견훤을 몰아내고 금성군을 장악했지만 완전한 것이 아니었다. 서남해안을 쥐락펴락하는 능창을 잡지 않고서는 바닷길의 안전이 보장될 리가 없었던 것이다.

"누구 말씀이신가요?"

"아직 능창을 잡지 못했지 않느냐!"

"소장의 생각이 짧았습니다."

"종희! 너는 무주 서남쪽 경계 인근에 척후병을 배치하라!"

"옛!"

"김언! 너는 반남군 부근에 첩자를 보내라!"

"알겠습니다!"

왕건이 첩자를 보내라는 곳은 본디 백제의 반나부리현이었다. 이후, 신라 경덕왕이 지명을 반남군(지금의 전남 영암군 시종면과 나주시 반남면 일대의 지역)으로 고쳐 그 아래에 야로와 곤미 두 현을 두게 했다. 이곳은 배가 정박하며 바다로 나갈 수 있는 해상 포구였다. 능창의 움직임이 활발한 곳이어서 첩자를 심어놓고 그들의 움직임을 들여다볼 요량이었다. 종희와 김언 두 부장은 즉시 수하들을 움직여 척후병과 첩자를 사방에 깔아두었다.

능창은 그동안 신라에서 도망쳐 나온 무리를 거두어 압

해도에서 군대를 꾸렸다. 압해도는 육지와 가깝다는 이점이 있는 데다가 물길이 세 군데로 퍼져 있어 바다로 나가는 열린 길목이라는 천혜의 조건을 갖춘 곳이었다. 능창은 또한 갈초도(지금의 전남 영광군 군남면 남창리 육창마을 부근)의 해적들과도 손을 잡았다. 외부의 시선이 차단된 곳에서 기다리고 있다가 왕건이 포구에 들어서는 순간 덮칠 계획이었다.

새벽녘, 첩자가 은밀히 다가와 왕건 앞에서 무릎을 꿇었다.

"지난밤 능창이 부하들과 작당하면서, 대장군을 포구로 유인하여 급습할 흉계를 꾸미고 있었습니다."

"수고했다."

왕건이 손을 까딱했다. 첩자가 다시 어둠 속으로 사라졌다. 능창이 자신을 해치울 계략을 꾸미고 있음을 알게 됐으니, 그보다 먼저 움직이는 게 급선무였다. 왕건은 종희와 김언을 불러 몇 가지 지시를 내렸다. 두 사람은 비장을 불러 작전 지시를 하달했다.

"지금 즉시 헤엄을 잘 치는 군사 열 명을 데려와라!"

"옛!"

잠시 후, 비장이 열 명의 수군을 데려와 갑옷과 창으로 무장하라고 지시했다. 하나같이 체격이 좋았고 다부져 보였다.

"너희는 모두 작은 배를 타고 갈초도 인근에 매복하라!"

왕건이 매복병을 심어둘 때, 포구 안쪽에 있던 능창도 기민하게 움직였다. 능창은 왕건을 치겠다는 일념으로 손수 작은 배를 타고 갈초도로 건너갔다. 왕건이 포구로 들어서면 커다란 노를 공깃돌처럼 들어 단매에 때려눕힐 생각이었다.

"서랏! 너는 누구냐?"

그때, 왕건의 지시로 갈초도에 매복해 있던 열 명의 수군이 갑자기 나타나 불심 검문을 했다. 그 무렵의 해적들은 자신의 영역을 지키기 위해 암구호를 만들었고, 미리 짜놓은 암구호를 대지 못하면 그 자리에서 징치하거나 포박하여 우두머리에게 끌고 가 심문을 하곤 했다.

"너희야말로 누구냐?"

능창은 어이가 없어 큰소리로 되물었다. 태봉국 수군은

대답 대신 득달같이 달려들어 능창을 꽁꽁 묶은 다음 왕건 앞으로 끌고 갔다. 능창은 속으로, '범을 잡으려다가 오히려 내가 범의 아가리로 들어갔구나'라고 생각하며 하늘을 올려다보았다. 헤아릴 수 없는 별들이 금방이라도 쏟아져 내릴 듯했다.

반남군에 임시로 마련된 군영에 한 장수가 늠름하게 서 있었다. 왕건이었다. 비장들이 그 앞에서 강제로 능창의 무릎을 꿇렸다.

"네가 능창이냐?"

"그렇다. 너는 누구냐?"

"나는 네가 죽이려던 왕건이다."

"분하다. 내게 아무것도 묻지 말고 그냥 죽여라. 사나이답게 죽고 싶다."

능창은 각진 턱에 광대뼈가 불쑥 솟아 거칠게 보이는 인상이었지만 길게 찢어진 눈매에 이글이글 타는 분노를 담고 있어 가히 그 기상을 짐작하게 했다.

"나는 그대를 죽이고 싶지 않소. 나와 더불어 새로운 세상을 열어가 보지 않겠소?"

왕건은 능창을 일으켜 세우며 부드럽게 말했다. 갑작스러운 존대에 일순 당황한 능창도 예를 갖추어 답했다.

"장군의 명성은 익히 들어 알고 있소. 좋은 제안이지만 나는 이미 의형제를 나눈 분과의 의리를 저버릴 순 없소."

견훤을 의식한 말임을 잘 알고 있는 왕건이 잔잔히 웃으며 능창의 손을 잡았다.

"장군의 높은 뜻은 잘 알겠소. 그대를 우리 태봉국 폐하께 보내려 하니, 좋은 기회를 저버리지 않기를 바라오."

왕건은 능창을 철원성으로 보냈다. 궁예에게는 다음과 같은 내용의 서신을 보냈다.

"폐하! 능창은 수전에서 당할 자가 없을 만큼 출중한 인물이므로, 부디 넓은 아량으로 헤아려 태봉국의 좋은 인재로 거두어주소서."

철원성으로 압송당한 능창은 궁예 앞으로 끌려갔다.

"네가 감히 짐의 군사들을 능멸하고 대적하려 했다지?"

높은 옥좌에 올라앉은 궁예가 대뜸 국문을 시작했다. 부하를 시켜 불에 달군 인두로 능창의 허벅지를 지지면서 조롱토록 했다. 살 타는 냄새가 진동했다. 능창은 눈을 부릅뜨면서 참아냈다.

"나는 서남해안의 어민들을 보호하면서 해적들을 물리쳐 왔을 뿐이다."

"우리 태봉국의 군사들을 겁박하며 무력을 과시하지 않았느냐?"

"그들이 무리하게 우리 영역을 침범했기에 막으려 했을 뿐이다."

"뭣이? 괘씸한 놈! 저놈을 매우 쳐라!"

궁예는 옥좌에서 내려와 능창의 얼굴에 침을 뱉고 고래고래 소리치며 욕설을 내뱉었다. 부하들이 능창을 형틀에 매달아 놓고 박달나무로 만든 몽둥이로 내리쳤다. 머리와 등줄기, 어깨와 장딴지에서 살점이 떨어져 나가고 피가 튀었다. 떨어져 나간 살점 사이로 뼈가 보였다. 능창은 이를 악물고 버텼다.

"지독한 놈! 네가 왜 해적들의 괴수인지 알겠다. 여봐라, 저놈을 죽여라!"

궁예의 명이 떨어지자마자 망나니가 능창의 목을 베었다. 궁예의 명을 받고 국문장에 나와 있던 대신들의 얼굴이 하얗게 질렸다. 과연 궁궐 뜰에서 참형으로 다스릴 만한 사안인가, 하는 생각에 다들 고개를 돌렸다. 근래 들어 포악한 성정을 드러내는 궁예에 대해 다들 두려워하고 있었다.

  왕건은 능창의 재주를 높이 샀기에 생포하여 궁예에게 보냈지만 모든 게 허사였다. 궁예는 능창의 인물됨을 알아보려 하기는커녕 침을 뱉고 조롱하다가 잔인하게 처형하고 만 것이다. 금성군에서 그 소식을 들은 왕건은 사람들을 물리고 종일 활터에서 시간을 보냈다. 열 순을 쏜 뒤 또 열 순, 그 뒤로 스무 순을 더 쏘았다. 하늘을 쪼개는 기백을 지닌 사내를 잃었다는 상실감이 몹시 컸다. 늦은 밤이 되자 비로소 어깨가 뻐근했다.

두 번째 결혼

 덕진포 해전의 승전 보고를 조정에 올린 뒤, 왕건은 금성군 관아를 한 바퀴 돈 다음 관내의 여러 읍성과 진지를 둘러보았다. 성벽 곳곳을 살피며 허물어진 데가 없는지, 진지의 경계망이 느슨한 곳은 없는지 섬과 뭍의 진영을 두루 살펴보았다. 부하들과 함께 배를 타고 여러 곳을 이동한 까닭에 피곤하고 목이 탔다.

 포구를 향해 가는 배의 갑판에 서 있던 왕건은 멀리 오색 채운이 서려 있는 한 지점을 발견했다. 왕건은 배를 정박시킨 뒤, 군사를 거느리고 앞으로 나아갔다. 아까부터 목이 말라서 우물을 찾고 있었는데 금성산 남쪽 기슭에 오색구름이 걸쳐 있는 걸 발견하고는 말을 달렸다. 도착하고 보니, 선녀처럼 어여쁜 처녀가 우물가에서 빨래를 하고 있었다.

"낭자! 미안하오만, 물 한 잔만 줄 수 있겠소?"

"네."

처녀는 바가지로 맑고 차가운 물을 퍼서 그 위에 버들잎 하나를 띄워 주었다. 물을 천천히 들이마신 왕건이 물었다.

"그런데 왜 버들잎을 띄운 거요?"

"장군께서 급하게 드시면 체할까 봐 염려되어 그리했사옵니다."

처녀가 수줍게 말할 때 볼에 홍조가 서렸다.

"오! 깊은 뜻이 있었구려."

왕건은 처녀의 총명하고 따뜻한 마음 씀씀이에 감탄하며, 부모님께 인사를 드리고 싶다고 말했다. 처녀는 순순히 집으로 안내했다. 처녀의 아버지는 금성군의 호족인 오희였다. 그는 오부돈의 아들로서 소금을 생산하는 일에 종사했고, 무역을 통해 부를 일구며 가문을 일으킨 뒤 유력한 해상 세력으로 부상한 인물이었다.

"대장군의 활약상은 금성군에 이미 두루 퍼져 있습니다. 이렇게 직접 만나니 든든하기 그지없습니다."

"과찬의 말씀입니다."

오희는 왕건과 마주 앉아 장시간 얘기를 나누는 동안 그의 인물 됨됨이가 바르다는 생각을 했다. 또한, 심지가 깊고 영웅호걸의 기상이 보이며 그릇의 크기가 남다르다고 여겼다. 그는 훤칠한 이 청년에게 매료되어 사위 삼기를 원했다. 왕건 또한 우물가에서 만난 지혜로운 처녀에게 끌린 바가 있어, 그를 흔쾌히 장인으로 모실 결심을 했다. 아버지가 딸의 의중을 물으니 고개를 가로젓지 않고 승낙했다. 두 사람은 뒤뜰에서 조촐한 혼인식을 올려 부부가 되기를 언약했다.

그날 밤, 왕건과 오씨 처녀는 부모의 축복 속에서 합방을 했다. 서른다섯 살 청년 장군 왕건과 열일곱 살 앳된 처녀 오씨가 나누는 운우지정은 각별했다. 왕건은 절정의 순간 몸을 빼내 돗자리에 방출했다. 첫째 부인인 류씨에게서 아직 소생이 없었기에, 둘째 부인에게서 적장자가 나오기를 꺼린 탓이었다.

오씨 처녀는 며칠 전 황금빛 용이 구름 위에서 자신의 몸속으로 들어오는 상서로운 꿈을 꾼 적이 있었다. 그 꿈이 예사롭지 않았기에 얼른 돗자리의 체액을 쓸어 담아 자신의 몸 안에 넣었다.

이튿날, 왕건은 오씨 부인의 손을 잡고 함께 뒤뜰을 거닐었다.

"부인과 더불어 걸으니 참으로 좋구려."

"저도 장군과 함께 있으니 꿈만 같아요."

뜰에 핀 여러 모양의 꽃들도 두 사람의 행복을 빌어주는 듯했다. 왕건은 장인 오희의 집에 며칠간 머물면서, 그동안 거듭된 전투로 지치고 고달팠던 심신의 피로를 말끔히 풀었다. 다만, 오씨 부인과의 기이한 만남과 전격적인 결혼이 신기루처럼 사라지지 않기를 내심 빌었다.

왕건은 장인 오희의 소개로 금성군 관내의 여러 군현을 돌며 유력한 호족들을 만나 친교를 나누었다. 대화를 나누다 보니, 그동안 견훤이 금성군의 호족들을 압박해 세금을 과도하게 거둬간 사실을 알게 되었다. 도를 넘는 세금 징수에 반발한 호족들이 견훤에게서 등을 돌리게 된 일에 대해서도 들었다. 속엣말을 털어놓은 호족들이 왕건의 손을 덥석 잡았다.

"태봉국에 귀부하겠소. 우리의 귀부를 받아주시오."

명목상 견훤의 영향 아래에 있던 지역의 호족들, 그중에서도 영암의 최지몽을 비롯한 유력한 여러 호족의 귀부 요청은 놀라운 것이었다.

"기꺼이 받아들이겠습니다."

왕건도 손을 맞잡고 고마움을 표했다. 서남해안의 호족들까지 귀부 의사를 밝힘에 따라 왕건은 궁예에게 장계를 올렸다.

"폐하! 금성군의 호족들이 태봉국에 귀부하고자 하오니 기쁘게 받아주소서. 아울러, 이 경사스러운 일을 기념하고자 금성군의 이름을 그물 라(羅), 고을 주(州)를 써서 나주로 개칭하고자 하오니 윤허하여 주소서."

그물을 쳐서 견훤을 몰아내고 능창을 잡았으니, 장차 더욱 거대한 그물을 펼쳐서 삼한일통을 달성하고자 하는 뜻이 새로운 고을의 이름에 담겨 있었다. 또한, 라(羅)에는 비단이라는 뜻도 들어 있어, 본시 비단으로 유명한 고을인 금성에서 비단처럼 귀하고 아름다운 오씨 부인을 얻었다는 의미를 부여한 고을 이름이기도 했다.

"경이 금성군을 평정하였으니 어찌 기쁘지 않으리요? 또한 관내의 많은 호족이 우리 태봉국에 귀부하기를 요청하니 경사 중의 경사로다. 그것을 기념하여 금성군을 나주로 개칭하는 것을 윤허하노라."

이때부터 금성군의 이름이 나주로 바뀌었고, 태봉국의 병사들이 주둔하면서 군사 거점화가 진행되었다. 궁예는 나주를 평정한 공로로 왕건을 대아찬장군으로 임명했다. 견훤은 그 후로도 여러 차례에 걸쳐 후백제군을 이끌고 나주를 탈환하고자 침범했으며, 그때마다 치열한 공방전이 벌어졌다.

이듬해, 오씨 부인은 아들을 낳았다. 왕건은 아이의 이름을 무(武)라 지었다. 서른여섯에 얻은 귀한 맏아들이었다.

4장

일인지하 만인지상

"왕건 대장군이 그동안 후백제와의 전쟁에서 귀중한 승리를 쟁취한 것은 만고의 귀감이 될 만한 빛나는 업적이니라. 그대가 태봉국의 영예를 빛냈을 뿐 아니라 우리의 강역을 확장하는 데 지대한 공로를 끼쳤음을 널리 밝히며, 이에 짐은 경을 파진찬 겸 시중에 임명하노라."

913년, 궁예는 나주의 진중에 머물고 있던 왕건을 철원성으로 불러들였다. 그런 다음, 대소 신료들이 입조해 있는 대전에서 최고의 벼슬을 내렸다. 본래 파진찬은 신라의 17관등 가운데 4등에 해당하는 관등으로서, 바다와 관련한 업무를 관장하는 벼슬이었다. 그보다 더 놀라운 것은, 서른일곱 살의 왕건이 광평성의 가장 높은 지위인 시중의 벼슬에 올랐다는 사실이었다.

실로 파격적인 대우이자 초고속 영전이었다. 왕건이 오랜 세월 동안 전쟁터를 누비며 승전의 기록을 써 내려간 것을 높게 평가한 궁예가 최고의 예우를 해준 것이다. 시중은 위로는 황제를 받들고 아래로는 문무백관을 대표하는 직책이었다. 신료들 가운데 우두머리로서 일인지하 만인지상, 태봉국 제2인자의 자리였다.

왕건은 시중이 된 뒤 매사를 공정하게 처리했다. 모함당한 백성이 민원을 올리면 시시비비를 가려 반드시 그 억울함을 밝혀주었다. 그러던 어느 날, 장부를 들춰보다가 마무리되지 않은 참소 사건 하나를 발견했다. 수년 전 아지태가 입전, 신방, 관서 등 세 사람을 반역 행위로 참소한 일이었다. 전후 관계를 살펴보니 아지태가 무고한 사람들을 참소해 감옥에 가게 했다는 사실이 밝혀졌다.

왕건은 아지태에게 벌을 주고 억울하게 감옥에 갇힌 피해자 세 명을 풀어준 뒤, 의원을 붙여 주어 몸을 돌보게 했다. 또한, 그들에게 적절한 보상금을 주어 위로하였다. 이 일은 철원성 내에 널리 퍼졌다. 도성 내에서는 시중이 된 왕건이 공명정대한 판결을 하여 백성들의 어려움을 어루만져 주었다며 칭송이 자자했다.

왕건은 그럴수록 시중의 위세를 드러내지 않고 겸손하게 행동했으며, 유능하고 어진 이를 발탁해 쓰는 등 인사도 신중하게 처리했다. 정사를 돌볼 때 부정을 저지른 자는 고위직이라 할지라도 엄벌에 처했고, 억울함을 호소하는 백성들의 고충을 덜어주기 위해 최선을 다했다. 그러다 보니 군부의 장수와 비장들, 대소 신료들 다수와 학식을 겸비한 재사들도 왕건을 따르게 되었다.

하지만 왕건을 고깝게 보는 자들이 있었다. 대체로 궁예의 측근인 자들이 그러했다. 아지태는 본래 아첨이 심하고 간사했다. 고관대작들에게는 굽신거리며 온갖 아양을 떨다가도 자신보다 지위가 낮은 사람만 보면 거들먹거리며 업신여겼다. 힘없는 백성들에게는 더없이 모질고 악독하게 굴었다.

이번 일도 평소에 참소를 즐기는 궁예의 눈에 들기 위해 아지태가 같은 고을 사람을 공연히 반역 행위자로 몰아 참소하여 목숨을 위태롭게 한 것이었다. 그럼에도, 궁예의 측근들은 아지태의 잘못을 비판하기는커녕 두둔했으며, 이 일로 왕건을 극도로 미워하게 되었다.

아지태처럼 서원경에서 온 이주자들은 대체로 왕건을 못마땅하게 여겼다. 그를 감싸는 환선길, 환선길의 처남 이흔암, 명주의 호족인 김순식 등도 왕건을 매우 시기했다. 왕건이 개선할 때나, 더 높은 자리로 영전할 때에도 매번 질시하는 눈으로 바라보았다.

왕건은 시중이라는 높은 벼슬이 점점 더 불편하게 여겨졌다. 이대로 있다가는 아지태 같은 교활한 자들의 무고에 시달리다가 언제 역모죄로 체포되어 형장의 이슬로 사라질지 모를 일이었다. 차라리 격전지의 한복판에서 목숨 걸고 적과 싸우는 편이 낫다고 생각했다.

"폐하! 미욱한 자가 감당하기 어려운 직책을 맡아 버겁기 짝이 없사오매, 이만 내려놓고자 하옵니다. 저를 전장으로 보내주시기를 간청하옵니다."

"진정 그러하오? 매우 애석한 일이지만, 경이 정녕 원한다면 들어줄 수밖에. 그대를 백선장군(百船將軍)에 임명하노니, 서남해안에 가서 잔적들을 물리치는 데 최선을 다하도록 하시오!"

"황은이 망극하옵니다."

왕건은 시중 직위를 내려놓은 뒤, 홀가분함을 느꼈다. 거추장스러운 관복을 벗고 다시 갑옷을 챙겨 입으니 비로소 마음이 놓였다. 왕건은 정주로 가서 솜씨 좋은 선박 기술자들을 모아놓고 말했다.

"지금부터 전함 백 척을 만들어야 한다. 크고 튼튼한 충각선 열 척, 파괴력이 큰 과선 열 척도 따로 만들어라. 알겠느냐?"

"예, 장군님!"

그날부터 포구 안쪽에서 전함 건조가 시작되었다. 날마다 산에서 거대한 나무를 베어왔고, 나무를 자르고 짜 맞추는 일들이 하루하루 진행되느라 한 해가 다 갔다. 914년, 드디어 전함 백 척이 모두 건조되었다.

충각선과 과선 이외에도 최대 길이 139자, 최대 중량 34만 근에 이르는 열 척의 대선(大船)이 더 만들어졌다. 30자에 달하는 밑바닥 판재 위에 사방 16보(步), 96자 크기의 선체를 올려 갑판 위에서 말을 달릴 수 있을 만큼 커다란 배였다. 대선 위에는 망루를 우뚝 세워놓아 대장선 혹은 지휘선으로 이용할 수 있도록 고안되었다. 선체는 느티나무로 만들었고 배의 주요 부위마다 상수리나무 못을 박았다. 뒤틀림이 없고 충격에도 견딜 수 있는 튼튼한 전함이었다.

장인인 류천궁은 이번에도 출정하는 사위를 위해 군량미를 넉넉하게 제공해 주었다. 서른여덟 살이 된 장군 왕건은 서남해안의 해상권을 제압하기 위해 3천 명의 군사를 거느리고 남쪽으로 출정했다.

무주 진격

 왕건은 이번에도 종희와 김언 두 부장을 데리고 갔다. 떠나기 전, 군영에 휘하 장수들을 모아놓고 작전회의를 하면서 전투의 목적을 설명했다.

"이번 출정의 최종 목표는 무주다. 무주를 점령하면 견훤의 도읍지인 완산주를 코앞에 두게 된다. 우리가 나주를 점령한 이후 태봉국은 더욱 강대해졌다. 우리는 위와 아래에서 후백제를 압박하는 모양새가 되었으니, 만약 이번에 무주까지 점령하게 되면 견훤은 이제 독 안에 든 쥐의 신세를 면치 못할 것이다. 모두 최선을 다하도록 하라!"

"알겠습니다!"

왕건이 거느린 군사들은 새로 건조한 전함을 타고 남쪽을 향해 빠른 속도로 내려갔다. 서남해에 도착하니, 견훤의 후백제군이 군선을 타고 모습을 나타냈다. 나주를 재탈환하기 위해 인근 도서에 미리 숨겨두었던 전함들이었다. 적의 군선을 눈앞에 둔 왕건이 휘하 장수들에게 명을 내렸다.

"너희도 알다시피, 후백제의 수군은 약하다. 절대 겁먹지 말고 담대하게 싸워야 한다!"

"예!"

왕건의 전함들이 빠른 속도로 나아가 후백제의 군선들을 공격하기 시작했다. 적들도 그동안의 전투 경험을 통해 해전의 중요성을 깨달았는지 군선의 모양새가 달라져 있었다. 그 사이 나름대로 효율적인 군선의 개발을 시도한 듯했다. 하지만 왕건은 대대로 해상 세력이었던 집안의 후예답게 그동안 수많은 적과의 싸움을 통해 익힌 전술이 축적되어 있어서 차분하게 대응했다.

"충각선을 전투 대형으로! 과선은 엇갈려 포진하라!"

왕건의 지시에 따라 충각선이 2열 종대로 포진했다. 과선은 날개 형태로 벌려서 진을 짰다.

"지금이다! 그대로 돌진하라!"

왕건이 명을 내리자 부장과 비장들이 바삐 움직여 부하들을 이끌고 나아갔다. 후백제군이 화살을 날렸다. 아직 사정거리에 이르지는 않았지만, 일부는 바람을 타고 돛대에 꽂혔다. 고려군은 재빨리 방패로 막았다.

"궁수들, 준비!"

사정거리에 이르기 전, 왕건의 충각선이 후백제의 군선에 충돌했다. 와지끈, 쿠쿵, 하는 굉음이 공기를 갈랐다. 거대한 진동과 동시에 후백제군의 비명이 들렸다. 잠시 후, 과선이 후백제 군선의 옆구리를 들이받았다. 콰지직, 쿠과광, 하는 파열음이 날카롭게 들렸다. 그 충격으로 후백제 군선 여러 척이 침몰했다. 배와 배 사이의 간격이 가까워지자, 왕건이 큰소리로 명령했다.

"쏴라!"

활시위에 화살을 팽팽히 걸어놓고 있던 궁수들이 일제히 손을 놓았다. 맹렬한 속도로 날아간 무수한 화살이 적병들을 꿰뚫었다. 후백제군도 화살을 날리며 반격했다.

양측은 한동안 백중세를 유지했으나 두 시진이 지날 무렵부터는 후백제군의 패색이 점차 짙어졌다.

"저기, 견훤이 탄 대장선을 잡아라!"

왕건이 바다 위의 한 곳을 가리켰다. 유난히 큰 배 위에 후백제 군왕의 깃발이 펄럭이고 있었다. 그 배에는 황금빛 갑옷을 입은 견훤이 군선을 지휘하고 있었다. 왕건의 휘하 장수들은 견훤을 잡기 위해 배를 몰아 앞으로 나아갔다.

당황한 견훤이 부하들을 시켜 앞을 가로막게 한 다음 뒤로 빠져나갔다. 후백제군에 퇴각 명령이 떨어졌다. 퇴각 나팔이 울려 퍼지자, 후백제 군선들이 견훤의 대장선 뒤를 따라 일제히 후퇴하기 시작했다. 마침 만조가 되어 물이 차오르기 시작했다.

"적들을 쫓아라! 밀물 시간이니, 이대로 영산강을 거슬러 올라갈 것이다. 모든 군선은 침착하게 항진하라!"

왕건이 거느린 전함들이 물살을 거슬러 유유히 황룡강을 넘어 지석강까지 신속하게 나아갔다. 후백제군은 포구에 이르자, 배를 버리고 뭍으로 올라가더니 모두 무진

고성 안으로 들어가 항전 태세를 갖췄다. 무등산의 지맥인 장원봉 일대에 우뚝 서 있는 무진고성은 험준한 산세를 이용해 지은 천혜의 요새였다. 태봉의 군사들도 뭍에 올라 성을 향해 달려갔다.

"저 성을 공격하라!"

왕건은 이 기회를 놓치고 싶지 않았다. 공격 명령을 받은 군사들이 성을 공략하기 시작했다. 성 안에서는 견훤의 사위인 지훤이 결사 항전의 자세로 수성전을 벌이고 있었다. 양측의 군사들이 치열한 공방전을 벌였다. 싸움이 잠시 소강 상태가 되었을 때, 왕건의 휘하 장수들이 손나팔을 불며 큰소리로 항복을 권유했다.

"항복하라! 항복하면 목숨만은 살려주겠다!"

그러자 성 안에서도 욕설과 함께 고함이 터져 나왔다.

"미친 소리 하지 마라! 우리는 끝까지 싸우겠다!"

성문은 굳게 닫혀 있고 성벽은 높고 가팔라서 쉽게 오를 수가 없었다. 왕건의 부대에는 군사가 많았지만 성을 공략할 충분한 공성 무기를 가지고 오지 않은 까닭에 공성 작전에 한계가 많았다. 이대로 가다가는 부하들의 희생이 클 것을 염려한 왕건이 퇴각을 명했다.

"퇴각하라!"

퇴각 명령이 떨어지자, 휘하 장수들은 부하들을 이끌고 왔던 길을 되돌아갔다. 서남해안과 나주에서는 후백제군을 맞아 잘 싸웠지만, 무주까지 쳐들어가 성 하나를 함락하지 못하고 발길을 돌려야 한다는 게 무척 아쉬웠다. 훗날을 기약할 수밖에 없었다. 하지만 이번 원정으로 서남해안의 제해권을 확실히 장악하는 커다란 성과를 올린 것만은 분명했다.

관심법

"우리 백선장군께서 서남해안과 나주 지역을 완전히 평정하셨다."

발 없는 말이 천리를 간다고, 벌써 철원성 내에서도 왕건의 무공이 알려져 백성들이 환호하는 일이 벌어졌다. 이에 위기감을 느낀 궁예가 왕건을 철원성으로 불러들였다. 젊은 날 궁예 자신이 양길의 휘하에서 세력을 키웠듯이, 왕건도 혹시 나주에서 독자 세력을 키우지 않을까 하는 의심이 들어 조기 소환이라는 선수를 친 것이다. 왕건은 휘하 장수들에게 뒷수습을 맡기고 급히 철원으로 왔다. 궁예는 대전에 들어선 왕건을 두 팔 벌려 맞아주었다.

"보라! 나의 장수들 중에서 누가 과연 백선장군과 비길

만하겠는가? 그는 나의 기쁨이요, 우리 태봉국의 자랑이로다!"

얼마 전, 궁예는 연호를 수덕만세에서 정개(政開)로 바꾸었다. 그리고 관심법을 써서 사람의 마음을 훤히 들여다본다는 말을 자주 했다. 관심법으로 신하들과 장수들의 마음을 읽었다며 역모죄로 처형한 경우가 많았다. 그렇기에, 왕건은 궁예의 찬사를 들으면서도 마음이 편치 않았다.

다음 날, 대전에 입조해 있는데 궁예가 갑자기 왕건을 바라보며 말했다.

"짐이 미륵관심법으로 살피니, 그대가 역심을 품고 있도다. 그렇지 아니한가?"

"폐하! 천부당만부당하신 말씀이옵니다."

왕건이 대전에 엎드려 억울함을 호소했다. 그러자 젊은 관원 최응이 일부러 붓을 떨어뜨려 줍는 척하며 왕건에게 가까이 다가와 빠르게 속삭였다.

"거짓으로라도 자복하십시오. 만약 부인하시면 살아남지 못합니다."

그 말을 들은 왕건이 최응의 말대로 했다.

"폐하의 말씀이 사실이옵니다. 어제 잠시 그런 생각을 했사옵니다. 과연 관심법을 헤아날 사람은 없는 듯하옵니다. 용서하옵소서."

왕건이 침착하게 말하자 궁예는 대전이 떠나가도록 파안대소하고는 옥좌에서 내려와 왕건을 일으켜 세웠다.

"그대가 거짓 없이 실토했으니 참으로 정직한 신하로다. 내 그대를 어찌 용서하지 않으랴? 다만, 두 번 다시 짐을 속이지 말라!"

그러고는 왕건에게 주연을 베풀어 준 다음, 금은으로 장식한 말안장, 고삐, 금괴 등의 큰 상을 내렸다. 이 일이 있고 나서 왕건은 언제 궁예에게 변을 당할지 몰라 변방으로 가고자 거듭 주청했으나 통하지 않았다.

"그대는 도성 안에서 짐을 더욱 잘 보필하라."

이 같은 말을 하면서 만류할 뿐이었다.

요즘 들어 궁예는 금관을 쓰고 방포(方袍)를 입은 차림으로 도성 안을 자주 행차했다. 금은으로 꾸민 말안장을 얹은 백마를 타고 광장을 지나갈 때, 행차의 앞뒤에는 수십 명의 사내아이와 계집아이가 향로를 받쳐 들고 걸어갔다. 또한 2백여 명의 비구가 범패를 부르며 뒤를 따랐다. 마치 불국토의 한 장면을 현실에 옮겨놓은 것처럼 그 모습이 자못 화려했다.

"청광보살! 신광보살! 아비랑 도성을 활보하니 이 얼마나 좋으냐? 하하하!"

궁예는 두 아들을 청광보살, 신광보살이라 불렀다. 신하들에게도 그렇게 부르도록 했다. 그리고 손수 20권의 불교 경전을 지어 널리 읽히게 했다. 이 책들은 각 사찰에 보급되었는데, 우연히 이 경전을 읽게 된 석총 스님이 책을 마당 밖으로 던지면서 일갈했다.

"무슨 거룩한 말씀이 있나 해서 살펴봤더니, 처음부터 끝까지 요사스러운 말로 사부대중을 현혹하는 말만 잡스럽게 얽혀 있어 차마 입에 담기도 어렵구나!"

그 말이 어찌어찌해서 철원성에도 전해졌는데, 분기탱천한 궁예가 석총을 잡아들인 뒤 대전 앞마당에서 철퇴로 쳐 죽이고 말았다. 이 일로 신하들은 궁예에게 더욱 큰 공포심을 지니게 되었다. 뜻있는 신료들과 장수들은 태봉국의 앞날을 걱정하며 깊은 시름에 잠겼다.

왕건은 나주에서 철원성으로 향할 때 고승인 선각 대사 형미를 대동했었다. 형미는 대경 대사 여엄, 진철 대사 이엄, 법경 대사 경유와 더불어 당나라로 유학해 불법을 배우고 입국한 뒤 강진 월출산 무의사의 주지로 활동하고 있었다. 네 사람은 후삼국시대의 4대 선승으로 꼽혔으며, 형미는 이들 세 대사의 사형으로서 존경을 받고 있었다.

왕건이 나주를 평정한 뒤 무의사에 들렀을 때 형미는 왕건의 늠름한 자태와 지도력에 깊이 탄복했고, 왕건은 형미의 법력을 높이 사 두 사람은 금세 의기투합했다. 궁예가 왕건을 부르자, 왕건은 형미에게 철원성에 함께 가자고 말해서 두 사람이 동행한 것이었다. 여러 날이 지나 궁예에게 인사를 시키기 위해 형미와 더불어 대전에 입조했을 때, 궁예는 전각 마루에 부엉이처럼 우뚝 서서 살기 어린 목소리로 말했다.

"짐이 관심법으로 보아하니, 대사는 지금 역심을 품고 있구나."

대전 안의 공기가 갑자기 싸늘해졌다.

"폐하! 그게 무슨 말씀이시오니까? 소승은 태봉국의 너른 품에 안기고자 왔사옵니다."

"아니다. 그대에게서는 분명 모반의 기운이 난다. 짐을 해하고 떠오르는 누군가를 옹위하고자 하는 것이다. 관심법으로 확연히 보이거늘, 어찌 그따위 거짓말로 짐을 능멸하려는 것인가? 여봐라! 저자를 당장 대전 앞마당으로 끌고 가라!"

궁예는 다짜고짜 무장한 병사들을 시켜 형미를 밖으로 끌어내었다. 왕건이 말릴 겨를조차 없었다. 궁예의 표정이 이미 야차처럼 변해 버렸기 때문이었다. 형미가 외쳤다.

"폐하! 억울하옵니다!"

하지만 궁예는 아무 말도 없이 대전 밖으로 성큼성큼 걸어 나갔다. 그의 손에는 긴 칼이 들려 있었다. 그는 형미의 항변 따위는 아랑곳하지 않고 칼을 들어 내리쳤다. 한 번만이 아니라 대여섯 번을 마구 베고 찔렀다. 형미는 비명도 지르지 못하고 처참히 도륙당하고 말았다. 궁예는 그래도 분이 풀리지 않았는지 형미의 시신을 더욱 처참히

난자하고 발로 차며 으르렁댔다. 궁궐 뜰이 온통 피범벅이 되었다. 대소 신료들과 궁녀들은 얼굴이 하얗게 질렸다. 이 광경을 지켜보던 왕건의 가슴은 찢어지는 듯했다.

'아! 고매한 향기를 떨치던 고승이 나 때문에 억울하게 죽었구나.'

궁예가 입만 열면 스스로 미륵불이라 말하고, 평화와 평등이 실현된 대동 세상인 마진과 태봉을 국호로 삼아 불국토를 현실에서 실현하겠다고 강조하면서 모시고 온 이가 형미였다. 두 사람이 만나면 틀림없이 잘 통하리라 여겼건만, 뜻하지 않은 횡액을 초래한 셈이었다. 슬픔과 절망, 분노가 치밀었다. 궁예가 '떠오르는 누군가를 옹위하고자 하는 것'이라고 말한 그 '누군가'는 은연중에 왕건을 지칭하는 듯해서 모골이 송연해졌다.

'이 노릇을 어찌할 것인가.'

왕건은 가슴이 무너져내리는 아픔 때문에 잠을 이루지 못했다. 미구에 궁예의 관심법이 자신을 겨냥할지도 모른다는 두려움이 엄습해왔다.

며칠 후, 궁궐에서는 또 한 번의 변고가 생겼다. 관심법으로 공연히 신하들을 의심하던 궁예가 명망 높은 재상과 대소 신료들을 하루아침에 역모죄로 몰아 변변한 심문 한번 없이 무려 백여 명을 한꺼번에 처형한 것이었다. 이를 보다 못한 궁예의 정비 강씨가 남편에게 애원하며 말했다.

"폐하! 이제 그만 폭정을 멈춰 주시옵소서!"

그러자 궁예는 이성을 잃고 부들부들 떨며 소리쳤다.

"오냐! 네가 일전에 딴 사내랑 사통하지 않았느냐? 그런 네가 뻔뻔스럽게 요망한 혀를 놀려?"

"관심법이 참으로 대단하구려! 없는 말까지 지어내는 걸 보니."

"듣기 싫다! 여봐라! 저년을 묶어라!"

궁예는 불같이 화를 내며 형틀에 황후 강씨를 묶게 했다. 그러고는 불에 달군 쇠 절굿공이로 강씨의 음부를 지졌다. 살이 타는 소리, 찢어지는 비명이 대전 앞뜰을 가득 채웠다. 강씨가 죽자, 궁예는 강씨 소생의 두 태자마저 죽이고 말았다.

"이 나라에 망조가 드는가. 어찌하여 날만 새면 궁궐에

피바람이 몰아치는가!"

　대신들은 삼삼오오 모인 가운데 도성 안에서 벌어진 흉사에 대해 논의했다. 남몰래 이야기하며 간밤의 일을 떠올리기만 해도 진저리를 쳤다. 까마귀가 하늘을 날아다니는 철원성은 흉가처럼 을씨년스러웠다.

왕건의 고려 건국

 어느 날 밤, 왕건의 집에 건장한 체격의 사내들이 속속 모여들었다. 기병장군 홍유, 신숭겸, 복지겸, 배현경 등 중견 장수 네 명이었다. 이들은 모두 왕건과 더불어 전장을 누비면서 생사고락을 같이 한 전우였다. 평소 과묵하던 신숭겸이 먼저 입을 열었다.

 "장군! 지금 도성에서 벌어지는 일은 인간이 할 짓이 아닙니다. 잔인한 도살자를 몰아내고 새 나라를 건설해야 합니다. 폭군을 폐위하고 현명한 사람을 세우는 것은 천하의 대의입니다. 장군께서는 은나라와 주나라의 옛일을 본받아 거사를 실행하셔야만 합니다."

 왕건은 고개를 저으며 신중한 어조로 답했다.

"나는 충의를 신조로 삼고 있다네. 비록 폐하가 난폭하게 변하셨지만, 어찌 감히 두 마음을 품겠는가?"

"장군께서는 정녕 혼군(昏君)에게 충절을 지키실 생각이십니까?"

"장군! 신하들을 수백 명씩 역모죄로 죽이고 처자식까지 도륙하는 자를 반드시 응징해야 합니다. 거사에 동의해 주십시오!"

"하늘이 주신 때를 버리지 마십시오. 때를 얻기도 어렵거니와 놓치면 그만입니다. 하늘이 주신 것을 받지 않으면 도리어 화를 입게 됩니다. 소장들은 모든 준비를 마쳤고, 밖에는 1만의 군사들이 모여 있습니다."

복지겸, 배현경에 이어 홍유까지 강한 어조로 거사를 일으켜야 한다고 말했다. 그때, 류씨 부인이 갑옷을 받쳐 들고 와서 왕건에게 입혀 주었다.

"여보, 예로부터 의로운 군사를 일으켜 포악한 임금을 없애는 것은 정의를 바로 세우는 일이라고 했으니 부디 하늘의 뜻을 받아주세요."

왕건은 처음엔 완강히 거절했다. 그러나 여러 장수에

이어 류씨 부인까지 나서서 설득하자, 결국 권유를 받아들여 갑옷을 입고 칼을 찼다. 왕건이 밖으로 나서자 김락, 염상, 견권, 박술희 등의 장수들을 포함해 무장한 군사들이 기치를 높이 들고 도열해 있었다.

마침내 왕건이 말 위에 올라 칼을 높이 치켜들며 외쳤다.

"가자! 도성으로!"

이에 신숭겸, 홍유, 배현경, 복지겸 등이 왕건을 호종하며 1만 군사를 이끌고 도성으로 향했다. 왕건의 군사들이 철원성을 장악했을 때는 이미 궁예가 도주한 뒤였다. 홍유는 기병 3백여 기를 이끌고 재빨리 궁예를 추적했다.

궁예는 근위대와 친위 기병까지 포함해서 겨우 백여 명을 이끌고 보개산성으로 들어가 농성했다. 농성 기간은 길지 않았다. 파죽지세로 몰려오는 홍유의 기병에 패해 쫓기던 궁예는 부하들과 더불어 산 능선에 올라 마지막 사투를 벌였다. 하지만 무서운 기세로 밀고 들어오는 홍유의 군사들을 도저히 막아낼 길이 없었다. 궁예를 지키는 군사들은 얼마 남지 않았다.

"내 권세가 여기서 끝나는구나!"

궁예는 긴 탄식 끝에 통곡을 쏟아내고는 빗발치는 화살에 맞아 절명했다. 그가 쓰러진 명성산(鳴聲山)은 글자 그대로 울음산이 되었다. 궁예의 죽음과 함께 태봉국도 막을 내렸다.

918년 6월 15일, 왕건은 철원성의 포정전에서 즉위하여 새 나라를 건국했다. 황제의 자리에 오른 왕건은 앞뒤로 주옥을 꿴 열두 줄의 류(旒)를 늘어뜨린 면류관을 쓰고 대소 신료들 앞에서 자신의 포부를 밝혔다.

"짐이 여러 신실한 신하의 추대로 즉위하였으니, 이제부터 마땅히 새 규율을 세우고 어진 나라를 만들기 위해 노력하겠노라. 임금과 신하는 고기와 물처럼 서로 화합할지니, 안팎의 모든 신하와 백성들은 마땅히 짐의 뜻을 알지어다!"

국호는 고구려를 계승한다는 뜻에서 고려로 하고, 연호는 하늘에서 내려준 뜻을 이어받아 나라를 건국한다는 뜻에서 천수(天授)로 정했다.

왕건의 첫째 부인 류씨(柳氏)는 제1비인 신혜황후로 봉해졌다. 둘째 부인 오씨(吳氏)는 제2비인 장화황후로 봉해졌으며 맏아들 무는 태자가 되었다. 신혜황후의 친정아버지 류천궁은 건국 공신의 예우로 정1품 벼슬인 삼중대광에 올랐고, 태자의 외할아버지 오희는 다련군에 봉해졌다. 거사를 일으킨 사람들에게는 공신 칭호와 합당한 벼슬이 내려졌다.

반란, 그 이후

 포정전에서 즉위식을 치른 지 나흘 만에 변고가 생겼다. 내전에서 신하들과 회의를 하던 왕건 앞에 쉰 명은 되어 보이는 군졸들이 갑자기 들이닥쳤다.

"내 칼을 받으시오!"

 왕건의 가슴팍을 향해 시퍼런 칼을 들이민 것은 개국공신인 마군장군 환선길이었다.

"그대는 마군장군 아닌가? 여기가 어디라고 이다지도 무엄한 짓을 하는가?"

 왕건의 벽력같은 고함에 환선길이 움찔했다. 근위병마저 멀리 있어서 목숨이 경각에 달린 순간이었지만 왕건은 태산처럼 침착한 모습이었다.

'혹시 내전 어디에 숨겨둔 군사가 있나?'

환선길은 왕건의 태연자약한 태도와 추상같은 어조로 꾸짖는 호통을 듣고는 당황했다. 숨겨놓은 근위병이 지척에 있는 줄로 지레 겁을 먹고는 부하들에게 눈짓을 했다. 그들은 왔던 때와 다름없이 신속하게 줄행랑을 쳤다. 하지만 환선길은 뒤늦게 달려온 근위병들에게 붙잡혔다. 동생 환향식과 함께였다. 왕건이 직접 심문했다.

"너는 왜 역모를 저질렀느냐?"

"나는 궁예를 몰아내는 데 참여했지만 다른 이에 비해 포상이 작았소."

"고작 그것 때문이냐?"

"공신 서열이 낮아서 불만이 컸소."

"어리석은 놈! 내 너를 어여삐 여겼거늘!"

심문이 끝났다. 환선길, 환향식 형제와 역도의 무리는 형장의 이슬로 사라졌다. 환선길의 난 이후에는 청주 출신들이 반란을 일으키려고 작당했다. 하지만 이 모의를 미리 알게 된 복지겸이 청주 출신 순군리 임춘길, 배총규, 강길아차, 경종 등을 추포했다. 이 과정에서 배총규는 도망쳤고 나머지는 모두 잡아들여 처형했다.

즉위 초부터 예기치 않게 반란이 끊이지 않자 왕건은 잔뜩 긴장했다. 당장 명주의 성주 김순식이 반발하는 게 뼈아팠다. 김순식은 자신이 숭앙하던 궁예를 몰아내고 옥좌를 차지한 왕건을 용납하지 않았다. 웅주와 운주, 청주 세력들의 반란도 만만치 않았다. 왕건을 탐탁지 않게 여기는 다른 호족 세력의 반발도 거셌다. 진선과 선장 형제의 반란, 임춘길 일당의 반란 등이 연달아 일어났다.

공주 출신인 이흔암도 그중의 하나였다. 그의 집에 도검류를 소지한 수상한 자들이 날마다 드나들며 반란을 모의하자, 이웃집에 살던 수의대형령 염장이 낌새를 알아차리고 관아에 고변했다. 이 사실을 보고받은 왕건은 곧 감시망을 가동해 이흔암 일당을 한꺼번에 잡아들였다. 심문을 하던 중 역모에 대한 자백이 나오자 시장 바닥에서 이흔암의 목을 베고 재산을 몰수했다. 다만 그의 추종자들은 너그럽게 풀어주었다. 그 밖에도 반란이 몇 차례 더 일어났지만 모두 진압되어 마침내 골치를 썩이는 일이 없어졌다.

즉위 두 달 만인 8월, 뜻밖에도 견훤이 축하 사절단으로 일길찬 민합을 보냈다. 왕건은 광평시랑 한찬일을 시켜 철원성에 도착한 후백제의 사절단을 영접하게 했다. 민합은 왕건에게 공손히 절을 올리며 견훤의 축하 인사를 대신 전했다.

"폐하의 즉위를 감축드리옵니다."

왕건은 사절단을 위해 연회를 베풀었다. 사절단은 술과 고기를 대접받았고 선물도 후하게 받았다. 그러나 그들의 목적은 고려를 염탐하는 것이었다. 민합은 사절단을 이끌고 완산주로 되돌아간 다음 견훤에게 보고했다.

"폐하! 철원성은 의외로 차분하고 평온했사옵니다. 반란으로 어지럽다고 들었는데, 낭설인가 싶을 만큼 잘 정돈된 모습이었사옵니다."

"그래? 군부의 상태도 보았느냐?"

"예, 군부는 기강이 바로 서 있었고 규율이 탄탄해 보였사옵니다."

"으음, 잘 알겠다."

견훤은 민합의 보고를 듣고 난 뒤, 고려를 공격할 계획을 미루기로 했다.

　이듬해인 919년, 왕건은 철원에서 가문의 텃밭이자 자신의 고향인 송악으로 도읍지를 옮겼다. 송악현과 개성현 일부를 포함한 지역을 개주(開州)로 승격시킨 뒤 이곳으로 천도한 것이다. 이곳을 고려의 수도 개경(開京)으로 삼았다.

5장

조물성 전투

왕건이 고려를 건국하기 이태 전인 916년, 요하 상류인 임황에 도읍을 정한 거란의 야율아보기가 스스로 황제를 칭하고 나라를 건국하여 국호를 대요라 했다. 중원과 요동의 판세가 바뀌고 있었다. 그즈음 사벌주의 아자개가 고려에 귀부해 왔다. 왕건이 아자개를 극진히 대접해 주었다는 소식이 완산주에까지 전해졌다. 견훤은 이 사실을 알고 격분했다.

"아버님이 어떻게 그러실 수가 있나? 멀쩡한 장남을 두고 어떻게 왕건에게 가실 수가 있단 말인가?"

사실, 아자개는 후처인 남원부인에게서 태어난 자식들을 더 아꼈다. 첫째인 상원부인에게서 태어난 큰아들 견훤과는 자연히 관계가 소원했다. 견훤이 젊은 날 집을 떠나 신라의 군인이 된 데에는 아버지와의 불화도 한몫했다.

그는 무주에서 나라를 세울 때 아버지의 이씨 성을 버리고 견씨 성을 붙이는 결단을 내렸으며, 마침내 육친과의 인연마저 끊어냈다. 하지만 막상 아버지가 자신의 최대 숙적인 왕건에게 귀부하자 억장이 무너졌다. 아자개의 귀부로 사벌주는 고려의 영토로 편입되었다. 이는 왕건의 호족 포용 정책이 실효를 거두고 있음을 의미했다.

920년 정월, 호족에 대한 왕건의 유화정책은 또 하나의 결실을 보았다. 강주(지금의 진주)의 호족으로서 강주 장군을 자처해온 윤웅이 자신의 아들 일강을 개경으로 보냄으로써 고려로 귀부할 뜻을 밝혔다. 왕건은 일강을 환대하며 아찬 벼슬을 내렸고 행훈의 누이동생과 혼인시켰다. 동시에, 낭중 춘양을 강주에 보내 호족들을 위무하는 한편, 감시하게 했다.

이즈음 신라 경명왕이 왕건에게 사신을 보냈다. 힘으로 억누르려 하는 견훤에게 위기감을 느낀 나머지 고려에 의지하려는 뜻이었다. 이때 신라와 고려는 비밀리에 동맹을 체결했다. 견훤은 이것을 눈치채지는 못했지만 후백제의 고립을 염려해 화전(和戰) 양면 작전을 구사했다. 9월이 되자 견훤의 명으로 왕건을 알현한 후백제의 아찬 공달이 선물을 바쳤다.

"폐하! 이것들은 공작의 깃털로 만든 부채와 지리산에서 난 대나무로 만든 화살이온데, 우리 폐하께서 드리는 선물이옵니다."

"오! 공작선과 죽전이 아니오? 이렇게 진귀한 선물을 보내주시다니, 참으로 고맙구려."

왕건은 아찬 공달에게 고마움을 표하며, 답례로 견훤에게 줄 귀한 선물을 넉넉히 챙겨주었다. 견훤은 이렇게 왕건의 마음을 누그러뜨리며 안심시킨 뒤, 10월이 되자마자 보병과 기병을 합친 1만의 군사를 거느리고 신라의 대야성을 공격해 함락했다. 그동안 두 번이나 실패한 전력이 있던 곳이어서 절치부심하던 차에, 쉰네 살이라는 적지 않은 나이에 값진 승리를 얻은 것이어서 견훤의 성취감은 이루 말할 수 없이 컸다.

견훤은 여기서 그치지 않고 구사군(지금의 경남 창원시)과 진례군(지금의 충남 금산군)까지 장악했다. 신라의 마지막 방어선인 대야성을 견훤이 취하게 되자, 다급해진 경명왕이 아찬 김률을 개경에 보내 왕건에게 원군을 보내 달라는 요청을 했다.

왕건은 급히 군대를 파견해 견훤의 군대를 저지했다. 후백제와 고려는 휴전 협정을 맺고 각각 회군했다. 견훤은 대야성 점령이라는 숙원을 푼 것으로 흡족해했다. 왕건은 신라의 왕궁성까지 쳐들어가려던 견훤의 군대를 막은 것으로 만족했다. 다만, 고려가 어느덧 큰 나라로 성장해 쇠잔한 신라에 은덕을 베풀었다는 게 달라진 점이었다. 이때부터 고려는 신라의 보호국임을 자처했다.

같은 달에 고울부(지금의 경북 영천) 성주인 능문이 왕건에게 귀부를 요청했다. 고울부는 신라 왕궁성의 지척에 있었다. 이곳을 확보하면 신라의 문지방에 발을 걸친 것과 다름없었다. 왕건은 이 요청을 받아들이지 않았다. 이미 동맹을 맺은 신라의 자존심에 상처를 주고 싶지 않아서였다. 견훤은 여러 첩보망을 통해 낌새를 눈치채고는 기회만 엿보고 있었다.

이듬해인 921년, 왕건은 태자 무를 황위를 이어받을 황태자 정윤(正胤)으로 삼아 후계 구도를 안정시켰다. 이때까지는 후백제와 고려 사이에 큰 충돌이 없었다. 하지만 924년 7월, 견훤이 별안간 고려와 신라 사이에 있는 조물성 공격에 나섰다. 후백제군이 죽령 일대에 주둔하면서 군영을 세우니 사방팔방으로 가는 길이 모두 막혔다.

"왕충 장군! 즉시 조물성으로 가서 후백제군의 동태를 파악하라!"

"예, 폐하!"

왕충은 군대를 거느리고 남쪽으로 내려갔다. 죽령 쪽에는 이미 후백제군이 진을 치고 있어서 영주 쪽으로 우회하여 조물성에 들어갔다. 왕충은 곧 전투를 개시했다. 후백제군의 선봉장은 견훤의 장남 신검과 차남 양검이었다. 고려군에서는 왕충과 애선 두 장군이 이들과 맞서 싸웠다.

"쳐라!"

신검과 양검은 아버지 견훤을 따라다니며 전공을 많이

세운 장수답게 용맹무쌍하였다. 왕충과 애선 또한 백전노장다운 경륜과 지략으로 고려군을 지휘했다.

"공격하라!"

애선과 왕충이 부하들을 독려하며 혼전을 펼쳤다. 그때, 갑자기 날아든 화살 하나가 애선의 가슴팍을 꿰뚫었다.

"애선 장군!"

왕충은 얼른 말에서 내려, 쓰러진 애선을 부축했다. 하지만 그는 이미 숨을 거둔 뒤였다. 크게 분노한 왕충은 날랜 기병을 거느리고 적진으로 돌진했다. 그의 매서운 기세에 후백제군이 맥을 못출 때, 성 안에서 수백여 기병이 쏟아져나와 왕충의 부대와 합세하면서 맹렬하게 공격을 퍼부었다. 후백제군은 밀리기 시작했다.

"퇴각하라!"

전투 상황이 불리하게 전개되자 신검이 후퇴 명령을 내렸다. 그로부터 한 달 후, 견훤은 왕건에게 준마 한 필을 선물로 보냈다. 비록 적이지만 맞수에 대한 존중의 표시였다. 그즈음 거란의 야율아보기가 발해를 침공하였다.

발해는 고려에 원병을 요청했으나 왕건은 후백제와 전쟁을 하고 있었기에 그 요청을 들어줄 수 없었다.

한 해 뒤인 925년, 견훤이 조물성을 차지하기 위해 기병 3천을 이끌고 거병했다. 이에 왕건도 정예병을 거느리고 출정하여 조물성에 입성했다. 처음 개경에서 출발할 때 군대를 둘로 나눠서 진군했다. 친위군을 왕건이, 나머지 부대는 유금필 장군이 각각 이끌고 내려왔다.

유금필은 충청도 쪽으로 우회하여 전투를 벌이면서 후백제 장수 길환을 죽였고, 임존성 전투에서도 승리한 뒤 한달음에 조물성까지 달려왔다. 성을 겹겹이 에워싼 후백제군을 뚫고 조물성 안에 들어간 유금필은 왕건의 친위대와 함께 수성전을 벌였다. 시간이 지날수록 공성전을 벌이는 후백제군에게 유리한 상황이 전개되었다.

전투가 교착 상태가 되었을 때 왕건과 견훤은 서로 화의(和議)를 결의했다. 조물성은 고려가 지키는 것으로 하되, 조물성을 제외한 지역은 후백제의 영토로 인정한다는 조건이었다. 열 살 위의 견훤을 예우하여 왕건이 그를 상보(尙父)로 칭하기로 했으며 화의의 징표로 볼모를 교환하기로 했다.

"상보 어른! 제 사촌 동생 왕신을 내어 드리겠습니다."

"왕건 아우! 나는 외조카 진호를 보내겠네."

두 사람은 마치 한 집의 큰형님과 막내아우처럼 정겹게 호칭하며 서로 인질을 주고받았다. 이후, 견훤은 거창과 영천, 고창 등 신라의 주요 지역들을 마음껏 유린하면서 후백제의 영역으로 만들었다.

공산 전투

926년, 개경에 볼모로 와 있던 견훤의 외조카 진호가 갑자기 병을 얻어 죽고 말았다. 진호의 시신을 돌려받은 견훤은 고려가 고의로 죽게 했다고 의심하며 왕신을 죽이고 웅진(지금의 충남 공주)을 치기 위해 군사를 보냈다. 화의는 어그러지고 일촉즉발의 위기가 감돌았다. 다행히 전쟁으로 번지지는 않았다.

그로부터 한 해가 지난 927년 10월, 견훤은 정예 병력을 거느리고 신라로 진격했다. 경애왕은 신라 제8대 풍월주인 문노의 사당에 제사를 지낸 후 신하들과 더불어 포석정에서 차와 술을 마시고 있었다. 그때, 후백제군이 갑자기 들이닥쳐 왕궁성을 점령했다. 경애왕은 손쓸 사이도 없이 후백제군에게 사로잡혔다. 견훤이 땅바닥에 꿇어앉은 경애왕을 노려보며 말했다.

"네가 박위웅이더냐? 옛다! 이걸로 자결해라! 짐이 너에게 주는 마지막 선물이니라!"

견훤은 술을 벌컥벌컥 들이마시면서 조롱을 한 뒤, 단도 한 자루를 던졌다. 모욕감에 얼굴이 시뻘개진 경애왕은 망설임 없이 단도로 자신의 목을 찔렀다. 목숨을 구걸하지 않고 깨끗하게 자결하는 편이 낫겠다고 판단했기 때문이다. 그가 피를 쏟으며 절명하자, 견훤은 경애왕의 왕비를 겁간하는 만행을 저질렀다. 부하들은 도성을 제멋대로 약탈했고 후궁과 궁녀들을 함부로 희롱하면서 겁탈했다. 왕궁성은 한순간에 지옥도로 변했다.

"이제부터 김부를 신라의 왕으로 세우노라."

견훤은 경애왕의 외사촌 아우인 김부(경순왕)를 옹립해 허수아비 왕으로 세운 뒤 경순왕의 아우 효렴, 재상 영경은 물론 그들의 자녀들까지 모조리 완산주로 끌고 갔다. 또한 신라 왕궁성의 무기고에서 수많은 병장기를 압수했고 어고(御庫)를 열어 진귀하고 값비싼 보물들을 모조리 털어갔다. 이때 무기를 만드는 자, 금세공에 조예가 있는 자, 이름난 도자기공과 석공 등 온갖 재주를 갖춘 장인들도 함께 끌고 갔다. 이 소식은 곧장 개경에 전해졌다.

"뭣이? 견훤이 신라를 침공했다고? 당장 신라를 구원하러 가야겠다!"

왕건은 즉시 친히 5천 명의 구원 병력을 이끌고 출정했다. 남쪽으로 내려가던 도중, 완산주를 향해 가던 견훤의 군사들과 맞닥뜨렸다. 견훤은 왕건이 원군을 이끌고 내려온다는 첩보를 입수하여, 공산으로 오는 길목에서 왕건의 군사를 기습했다. 고려군은 크게 당황한 나머지 전열이 흐트러졌다. 후백제군은 신라 왕궁성을 점령했다는 자부심으로 사기가 오를 대로 올라 있었다. 고려군은 후백제군에게 일방적으로 밀리면서 퇴로마저 차단되었다.

"폐하! 소장과 갑옷을 바꿔 입으시고 속히 이곳을 빠져나가셔야 하옵니다!"

신숭겸이 다급하게 말했다.

"아니다! 내 한목숨 살겠다고 어찌 능산 아우를 희생시키겠느냐?"

"부디 옥체를 보전하시어 고려의 대업을 이루시옵소서!"

왕건이 눈물을 흘리면서 만류했으나 신숭겸은 듣지 않고 김락과 함께 왕건의 갑옷을 벗겨 자신이 입었다. 왕건은 군졸 차림으로 변복한 뒤 홀로 빠져나갔다. 신숭겸은 왕건의 백마를 타고 후백제군에 맞서 용맹하게 싸웠다.

"저기, 고려 왕이 보인다!"

"백마를 탄 자를 잡아라! 저자가 고려 왕이다!"

신숭겸은 체격이 컸고 얼굴이 왕건과 비슷했다. 후백제군은 신숭겸을 왕건으로 착각한 나머지 맹렬하게 돌진해왔다. 신숭겸은 말을 달려 후백제군 수십 명을 베어내며 분전했다. 그러나 적과 아군을 분간할 수 없을 만큼 난전이 벌어졌을 때 궁수들이 쏜 화살에 맞아 고슴도치가 되고 말았다. 김락과 전의갑, 전이갑 형제도 불퇴전의 기세로 싸우다가 후백제군의 포위망에 걸려 나란히 전사했다. 후백제의 병사는 신숭겸을 왕건으로 오인해 그의 수급을 견훤에게 가져갔다. 수급을 확인한 견훤은 소스라치게 놀라며 소리쳤다.

"아니다! 이건 왕건 아우가 아니야!"

후백제군은 고려의 병력을 대파한 뒤에도 지치지 않고 대목군(지금의 경북 칠곡군), 칠곡군(지금의 구미시 인동동), 약목면을 차례로 점령했다.

한편, 구사일생으로 사지를 벗어난 왕건은 개경에 도착한 뒤 홀로 있는 침소에서 울음을 삼켰다.

'이럴 수가 있는가! 형제처럼 아끼는 장수를 여덟 명이나 잃다니!'

생사의 고비를 함께 넘나들던 전우를 떠올리자 슬픔이 더욱 북받쳐 올라왔다. 게다가 5천의 군사 중에서 살아 돌아온 병사는 고작 70여 명에 불과했다. 대참패였다.

왕건은 부하에게 명을 내려 신숭겸의 시신을 가져오게 했다. 목 없는 시신을 보니 참담하기 이를 데 없었다. 솜씨 좋은 장인을 불러 황금으로 머리를 조각하게 했다. 시신에 황금 머리를 잘 이어 붙여 매장한 뒤, 장절(壯節)이라는 시호를 붙여 극진한 예우로써 제례를 지내주었다.

"사랑하는 아우 능산! 그대는 갔구나. 이 못난 형의 목숨을 살리고 영영 가버렸구나……."

왕건은 장절공 신숭겸의 신위 앞에서 추모사를 할 때 어깨를 들썩이며 서럽게 울었다. 김락을 비롯한 나머지 일곱 명의 장례도 엄숙히 치러주었다. 공산 전투에서 여덟 명의 장수가 전사한 뒤, 공산이라는 이름은 그들의 충의를 기리는 이들에 의해 팔공산으로 바뀌었다. 온 나라가 슬픔에 잠겨 있을 때 견훤의 서찰이 도착했다.

"지난번에 신라의 국상 김웅렴이 족하(足下)를 왕경으로 불러들이려 했던 것은 작은 자라가 큰 자라의 소리에 호응하고 메추라기가 송골매의 날개를 쪼고자 달려드는 것과 같소. 내가 바라는 것은 평양의 누각에 활을 걸고 패강(浿江)의 물을 말에게 먹이는 것이오. 조개와 도요새가 서로 맞버티는 것은 웃음거리가 될 것이니, 마땅히 경계하여 후회할 일을 만들지 말기를 바라오."

왕건은 곧 답장을 보냈다.

"족하께서 처음부터 상대를 가볍게 보고 곧장 앞으로 가는 모습이 사마귀가 수레바퀴를 막아서는 것과 같았습니다. 또한, 족하께서는 털끝만 한 작은 이익을 보고 하늘과 땅의 두터운 은혜를 잊고서, 임금을 베어 죽이고 궁궐을 불태웠으며 관리들을 죽여 젓갈을 담그고 백성을 도륙하였습니다. 만약 과오를 바로 잡지 않는다면 후회해도 고칠 수 없을 것입니다."

왕건 역시 자신만만한 견훤에게 굳센 각오로 맞서겠다는 의지를 표명한 것이다. 그로부터 얼마 후, 명주의 김순식이 개경으로 직접 찾아와 왕건에게 귀부할 뜻을 비쳤다. 궁예 축출 이후 수년간 복종하지 않던 김순식이 공산 전투를 계기로 왕건에게 투항한 것이다. 왕건은 그에게 왕씨 성을 하사하고 대광(大匡)으로 임명했다. 그의 아들 왕장명에게는 렴이라는 새 이름을 내려 원보(元甫)에 임명했다. 이로써 고려는 명주 일대까지 확보하게 되었다.

고창 전투와 운주성 전투

 후백제에 대한 민심은 싸늘해졌다. 신라인들은 원군을 이끌고 왔다가 목숨을 잃을 뻔한 왕건을 은인으로 여겼다. 지방 호족들도 왕건에게 호의적인 태도를 보였다. 후백제는 사방의 적들에게 포위된 형국이었으나 여전히 완강했다. 이듬해에 견훤은 강주를 쳐서 3백여 명을 죽였고 부곡성(지금의 경북 군위군 부계면)을 점령해 고려군 1천여 명을 도륙했다.

 부곡성 전투에서 고려의 장군 양지와 명식 등 여섯 명이 후백제군에게 투항했다. 이에 분노한 왕건은 여섯 장수의 처자식들을 끌고 오게 했다. 그런 다음 군사들이 보는 앞에서 조리돌림을 한 뒤 모두 참형에 처했다. 배신자

일족을 일벌백계로 다스린 것이다.

왕건의 군대와 견훤의 군대가 다시 격돌했다. 그해 겨울, 고창군에서 치열한 전투가 벌어졌다. 왕건은 정서(征西) 대장군 유금필을 총사령관으로 임명했다. 12월에 시작한 전투는 다음 해까지 이어졌다. 930년 정월, 명장 유금필이 종횡무진으로 활약하여 견훤의 8천 군사를 전멸시켰다. 공산 전투의 치욕을 되갚은 대승이었다.

"전투에서 이겨 동쪽을 안정시켰으니 이 지역을 기억하겠노라."

전투가 종결된 뒤, 왕건은 고창군을 안동부(安東府)로 승격시켰다. 이후, 영안(지금의 영천), 안동, 송생(지금의 청송) 등 고창군 주변의 30여 성이 왕건에게 항복했다. 또한, 명주에서 울산에 이르는 동해안의 110여 성의 성주와 장군들도 속속 귀부했다. 고창 전투의 승리는 왕건의 위상을 한껏 드높이는 계기가 되었다. 견훤의 포악함과 왕건의 온건함은 극명하게 대비되었다. 신라를 존중해주는 왕건에게 신라인들은 어느덧 마음의 문을 활짝 열게 되었다.

왕건이 고창 전투의 승리로 경상 지역에서 패권을 차지하자 위기의식을 느낀 견훤은 곧장 수군을 이끌고 서남해안으로 갔다. 수년간 수군을 육성한 후백제군은 이전보다 우세한 전력을 바탕으로 공방전 끝에 나주를 점령했다. 2년 후인 932년 9월에는 일길찬 상귀에게 수군의 지휘권을 부여하고 예성강으로 쳐들어가게 했다.

상귀의 수군은 염주와 백주, 정주의 군선 1백 척을 화공으로 공격하여 전소시켰다. 또한 저산도 말 목장에 풀어놓은 말 3백 필을 끌고 갔다. 10월에는 견훤의 명을 받은 해군 장군 상개가 대우도를 공격했다. 왕건은 사촌동생인 영해공 만세를 시켜 반격을 시도했으나 뜻대로 되지 않았다. 견훤의 예상치 못한 기습작전으로 왕건은 간담이 서늘해졌다.

그 무렵 후백제의 매곡성 성주인 공직이 고려에 투항했다. 그 소식을 들은 견훤은 공직의 큰아들 직달, 둘째아들 금서는 물론 딸까지 잡아들여 불에 달군 인두로 정강이 힘줄을 지져서 끊어 버렸다. 금서와 딸은 끊어진 힘줄 때문에 걸을 수 없게 되었고, 직달은 단말마의 비명을 지르며 죽고 말았다. 잔인한 고문 장면을 본 신하들은 견훤을 더욱 무서워했다. 이후 후백제에서 고려로 투항하는 자가 더욱 많아졌다.

934년에는 발해 태자 대광현이 장군 신덕을 비롯한 휘하 장수들과 함께 수만 명의 발해 유민을 데리고 고려에 귀순했다.

"어서 오시오, 태자! 먼길 오시느라 고생이 많으셨소. 이제 여기가 내 집이라 여기고 편히 지내시길 바라오."

왕건은 대광현 일행을 따뜻하게 맞이한 뒤 후하게 대접했다. 대광현에게는 왕계라는 이름을 하사하고 원보 벼슬에 임명했으며 왕실 호적에 올려주었다. 또한, 백주(지금의 황해남도 배천군)를 지키면서 발해의 조상들에게 제사를 지낼 수 있도록 했다. 대광현의 휘하 장수와 관리들에게는 작위를 주었고 병사들에게는 거처할 집과 부쳐 먹을 논을 하사했다.

발해 유민이 대거 몰려온 것은 고려에는 청신호였다. 그들을 여러 면에서 활용할 수 있기 때문이었다. 왕건은 발해 유민에게 삶의 터전을 제공하는 한편, 그들 중 상당수를 군에 편입시켜 후삼국 통일을 위한 마지막 전투에 투입하는 등 군사력을 중강시켰다.

왕건은 2년 전의 패배를 설욕하고자 유금필을 우장군으로 삼아 친히 군사를 거느리고 운주성(지금의 충남 홍성)으로 갔다. 이에 맞서 견훤도 휘하 장수들과 함께 출정했다. 하지만 고려군의 거센 공격에 위급함을 느낀 견훤이 먼저 화친을 요청했다. 왕건은 답을 유보한 다음 대장군 유금필과 상의했다.

"대장군의 생각은 어떻소? 화친하는 게 옳겠소?"

"폐하! 지금은 견훤을 쫓을 때이옵니다. 소장에게 맡겨 주옵소서."

"알겠소. 유 장군만 믿겠소."

"예, 폐하."

유금필은 급히 수천의 기병대를 꾸려 벼락같이 후백제군을 공격했다. 기습작전에 놀란 후백제군은 혼비백산하여 대오가 무너졌다. 그 틈을 노린 유금필의 기병대가 저수봉을 빼앗은 뒤 후백제군을 마음껏 유린하니 견훤의 군사들은 대항할 힘을 잃고 후퇴하기 바빴다. 이 전투에서 고려군은 후백제의 5천여 경기병 가운데 3천여 명을 죽였고 용장 상달과 최필, 술사 종훈, 군의(軍醫) 훈겸 등을 사로잡는 전과를 올렸다. 왕건은 유금필의 승전을 치하하며 후한 상을 내렸다.

"천하에 유금필 장군만 한 사람이 어디 있으랴? 그대는 하늘이 내린 호걸이로다!"

운주성 전투에서 대승을 거둔 고려는 아산만 영역의 수계(水系)와 통하는 충청 지역을 빼앗아 견훤의 활동 영역을 크게 위축시켰다. 왕건이 웅주를 정벌하자 웅진 이북의 30여 성이 고려에 항복해왔다. 견훤은 운주성 전투의 패배로 경상도와 충청도 일대뿐만 아니라 삼한 전체에 대한 영향력을 잃게 되었다.

일리천 전투와 후삼국 통일

935년, 고창 전투와 운주성 전투에서 잇따라 패배한 견훤은 자신의 노쇠함을 인정했다. 무엇보다 왕권의 안정을 도모하는 게 급선무라고 생각한 그는 막내 금강에게 보위를 넘겨주려 했다. 완산주에서 궁을 지키던 맏아들 신검은 이 사실을 알고 나서 크게 분노했다. 강주 도독인 둘째 양검, 무주 도독인 셋째 용검은 각각 군사를 거느리고 궁성 밖으로 나가 있었는데, 그 소식을 듣고 화가 나서 길길이 날뛰었다. 둘이 서로 만나 의논할 때 이찬 능환이 계책을 내놓았다.

"적장자인 신검 태자님을 놔두고 서자인 이복동생 금강에게 양위하신다는 것은 어불성설입니다. 지금이 기회입니다. 어서 군을 움직여 궁성을 장악한 뒤 신검 태자님을 옹립하소서."

"그 말이 옳다!"

두 형제는 능환의 계책을 받아들여 신검에게 먼저 보고하고 허락을 받았다. 그 후 믿을 만한 휘하 장수들을 불렀다. 여기에 파진찬 신덕과 영순이 가세하여 군사를 동원해 새벽같이 전주성으로 쳐들어갔다. 수만의 군사들이 궁성을 에워싼 상황에서 두 형제가 궁 안으로 들어가 신검에게 보고했다. 신검은 파발마를 통해 이미 전후 사정을 알고 있었기에 회심의 미소를 지었다.

"형님! 모든 준비가 끝났습니다."

"알았다. 모두 수고가 많았다."

신검은 천천히 아버지의 침소로 갔다. 대궐의 뜰에서 군사들이 함성을 지르고 있었다. 그 소리가 마치 천둥처럼 대궐 기둥과 천장을 울렸다.

"아니, 대체 이게 무슨 소리냐?"

때는 3월, 봄꽃들이 다투어 피어나는 시기였다. 땅을 울리는 고함과 병장기들이 부딪치는 소리에 잠을 깬 견훤이 마침 방으로 들어오는 장남을 발견하고 물었다.

"폐하께서 올해 연치 69세이니 연로하신 옥체를 보전하셔야 할 때이옵니다. 이에 소자가 폐하를 대신하여 국정을 담당하게 되었음을 여러 장수와 군사들이 축하하느라 잠시 소란스럽게 되었나이다."

"뭐, 뭣이라고?"

견훤은 무엇엔가 크게 맞은 듯한 표정으로 말을 잇지 못했다. 그러자 미리 대기하고 있던 기골 장대한 군사들이 견훤을 번쩍 들어 금산사로 데려가 유폐시켰다. 신검의 명을 받은 병사들은 금강을 끌고 가서 죽여 버렸다.

금산사에서는 파달을 비롯한 장사 서른 명이 문을 걸어 잠그고 밤이나 낮이나 견훤을 감시했다. 하루아침에 날벼락을 맞은 격으로 감금된 견훤은 끓어오르는 분노를 참아야만 했다. 문 앞에는 우락부락한 거한들이 지키고 있어서 한 발짝도 나갈 수 없었다. 신검은 얼마 동안 대리 청정을 하다가 후백제의 제2대 군주로 즉위했다.

4월경, 개경에서 이 소식을 전해 들은 왕건이 유금필을 불렀다.

"유 장군! 후백제의 신검이 반란을 일으켰네. 상보께서는 지금 금산사에 갇혀 계시는데, 어떡하든 구출해 낼 수 있겠는가?"

"예, 폐하! 분부대로 거행하겠나이다."

대장군 유금필은 대광(大匡) 왕만세 장군과 함께 수군을 이끌고 서남해안 쪽으로 내려갔다. 수백 척의 전함으로 기습공격을 한 고려의 수군은 저항하는 후백제군을 쳐부수고 나주를 점령했다. 나주가 고려의 수중으로 떨어진 것은 기회였다. 견훤은 사위 박영규의 도움을 입어 금산사에서 극적으로 탈출했다. 나룻배를 타고 나주로 몰래 들어간 견훤은 유금필의 군영에 귀순했다. 막내아들 능예, 딸 애복과 함께였다. 유금필은 개경으로 급보를 보냈다.

"유 장군! 군선을 보낼 테니 상보 어른을 모시고 왕도로 귀환하라!"

6월경, 개경에서 군선 40여 척이 나주에 왔다. 견훤은 군선을 타고 바닷길을 거슬러 올라갔다. 예성강 유역에 이르니 포구에 한 떼의 사람들이 모여 있었다. 왕건과 태자, 황태후와 문무백관들이 모두 견훤에게 공손히 인사했다.

"상보 어른! 어서 오십시오. 뱃길에 혹여 불편한 점은 없으셨는지요?"

왕건이 앞으로 나아와 맞아주며 허리를 굽혔다. 견훤은 황송한 표정으로 손사래를 치다가 얼른 허리를 깊이 숙여 절을 올렸다. 황제에 대한 예이자, 신하임을 자인하는 표시였다. 태자 무도 공손히 인사를 올렸다. 모두 집안 어른을 공경하는 피붙이들처럼 살갑고 예의 바르게 대해 주었다. 견훤은 감격에 젖었다.

'금강에게 양위하려던 순간부터 후백제의 기운이 다했음을 알고 고려에 귀의할 마음을 품었다. 그런데 내 생각이 전혀 틀리지 않았구나.'

왕건은 견훤에게 별궁인 남궁을 거처로 내주고 양주를 식읍으로 주었다. 견훤의 직위를 정승으로 올려, 백관들뿐만 아니라 태자 무보다 우위에 있도록 했다. 또한, 얼마 전 투항한 신강을 견훤의 아관으로 삼아 온갖 잔심부름을 하게 했다.

얼마 후, 신라의 경순왕도 고려에 귀부를 요청했다. 한 해 뒤의 겨울, 경순왕은 신하들을 거느리고 서라벌에서부터 개경에 이르기까지 행차를 했다. 항복 행차였다. 머나먼 길에 긴 행렬이 이어졌다. 신라의 왕이 고려에 항복하러 간다는 사실이 빛의 속도로 전국에 퍼졌다. 소문이 퍼질수록 고려의 정통성은 높아졌다.

935년 겨울, 김부의 귀부로 천 년 왕조 신라가 멸망했다. 왕건은 경순왕을 정승 상주국 낙랑왕에 봉했다. 태자 무보다 높은 지위였다. 또한 신라를 경주로 개칭하고 식읍으로 하사했으며, 사심관 벼슬을 주어 다스리게 했다. 이제는 왕이 아니라 중앙에서 파견한 지방관의 자격이었다. 이듬해 2월에는 견훤의 사위인 박영규도 고려에 귀부했다.

"왕건 아우! 아니, 폐하! 빨리 저 무도한 신검을 벌해야겠소. 내 손으로 만든 나라이지만, 패륜을 저지른 자가 나라를 틀어쥐고 있으니, 저 배은망덕한 놈을 엄벌하여 하늘의 도를 바로 잡아야 하지 않겠소? 부디 후백제를 정벌하게 해주시오."

936년 6월, 견훤의 입에서 뜻밖의 말이 나왔다. 왕건은 그 말이 진심이라는 것을 알고 침묵 끝에 입을 열었다.

"상보 어른! 참으로 어려운 결단을 내리셨으니, 이 아우가 그 뜻을 높이 받들겠습니다."

왕건은 곧 태자 무와 박술희를 불렀다.

"즉시 1만의 군사를 거느리고 천안부로 가라! 신검을 쳐서 후백제를 정벌하리라!"

"예, 폐하!"

태자와 박술희가 군사를 이끌고 천안부로 가서 신검의 군대와 대치했다. 9월경, 왕건도 친히 3군을 거느리고 천안부로 내려갔다. 왕건이 이번 원정길에 거느리고 간 군사는 총 10만 7천5백 명이었다. 중군을 맡은 대장군 유금필은 흑수, 달고, 철륵 등 북방의 야인 기병과 말갈 기병으로 이루어진 9천5백 명의 경기병을 거느리고 본대에 합류했다. 이와 별도로 견훤은 기병 1만을 거느리고 맨 앞에서 신검과 대치했다.

고려의 대군이 벌판을 가득 메우고 기치를 높이 들었다. 그 엄청난 군세가 하늘과 땅을 압도하는 듯했다. 일선군(지금의 경북 구미시)에서 일리천을 가운데 두고 고려군과 마주한 후백제 군사들이 갑자기 술렁였다.

"어? 저기, 저 맨 앞에 계신 분은 우리 폐하가 아니신가?"

일순, 잠잠해지더니 후백제의 장군 효봉, 덕술, 애술, 명길 등이 투구를 벗고 병장기를 버린 다음 견훤이 탄 말 앞에 가서 일제히 무릎을 꿇고 엎드렸다. 견훤은 후백제 그 자체라 해도 과언이 아니었기에, 견훤과 함께 전쟁터를 누비던 장수들이 감히 대항하지 못하고 투항한 것이다. 장수들이 항복하자 그들의 직속 부하들도 뒤따라 항복했다. 후백제 장졸들의 집단 항복으로 고려군의 사기는 하늘을 찌를 듯했고, 후백제군의 사기는 바닥으로 떨어졌다.

잠시 후, 전투가 벌어졌다. 신검을 중심으로 양검과 용검이 지휘하는 후백제군을 맞아 왕건의 적장자로서 정윤에 봉해진 태자 왕무와 강공훤 등이 이끄는 고려군이 맞서 싸웠다. 이번 전투에서는 김순식이 명주에서 갑옷 입은 병사 3천 명을 데리고 와 고려군의 사기를 크게 높여 주었다.

"공훤 장군! 방금 투항한 효봉 등의 말을 들으니 저 후백제군의 중군에 신검이 있다고 한다. 바로 군사를 몰아 중군을 쳐라!"

"예! 폐하!"

왕건이 명을 내리자 공훤이 군사를 이끌고 중군을 향해 돌진했다. 태자 왕무와 김순식도 공훤의 군사들이 돌진할 때 측면과 후방에서 후백제군을 돌파해 진영을 흩어 놓았다. 혼비백산한 후백제군은 제대로 싸우지도 못했으며, 도주하다가 밀려 넘어지면서 다른 이들의 발에 밟혀 죽는 자가 허다했다.

"저기 신검이 있다! 쫓아라!"

공훤이 소리쳤다. 공훤 휘하의 기병들이 황산으로 퇴각한 후백제군을 날쌔게 추격했다. 태자 왕무와 김순식의 부대까지 합세해 탄현을 넘어 마성에 진을 쳤다. 후백제군은 이제 독 안에 든 쥐가 되고 말았다. 더 이상 버틸 수 없게 된 신검이 양검과 용검, 휘하 장수들과 더불어 고려군에 항복했다. 후백제의 깃발을 높이 든 견훤이 그 깃발을 꺾어 버리는 기묘한 장면이었다. 이로써 실로 오랜 전쟁이 대단원의 막을 내렸다. 왕건이 후백제를 멸망시키고 끝내 후삼국 통일의 대업을 이룩한 순간이었다.

황제국 고려의 등장

 마지막 전투를 승리로 장식하고 후삼국을 통일한 왕건은 민심을 수습하고 정국을 안정시키기 위해 몇 가지 정책을 발표했다.

 "나라에서 세금에 관한 취민유도(取民有度) 정책을 펴려 하노라. 조세를 거둘 때는 일정한 법이 있어야 하나니, 백성들이 토지세를 낼 때는 십분의 일 이상을 걷지 않도록 하라. 또한, 나라에서는 흑창제도를 동시에 펼치려 하노니, 거듭된 전란에 지친 백성들에게는 봄철에 쌀을 꾸어 주고 가을철에 갚게 하라. 이는 빈민 구제를 목적으로 한 구휼책이니라."

 정책을 발표하자 백성들이 크게 환영했다. 조세 정책

을 정립하고자 했던 왕건은 세금을 많이 거두려는 관리를 엄중히 문책했다. 흑창제도 역시 가난한 자들의 끼니를 해결해주는 중요한 정책이어서 백성들로부터 큰 호응을 받았다.

이와 더불어, 왕건은 각 지역의 호족들을 끌어안는 정책을 폈다. 개국공신이나 나라에 공로를 끼친 호족에게는 역분전이라는 토지를 하사함으로써 포용력을 발휘했다. 그리고 호족들의 세력을 인정해 주고자 고을 수령을 아예 파견하지 않았다.

강제 조항도 있었다. 왕건은 호족들의 자제를 개경에 머물게 하는 기인제도를 운용했다. 토호의 자식을 수도에 인질로 잡아둠으로써 호족들의 반란을 막는 방편이었다. 그러나 자제들에게는 개경에서 공부하거나 관리로 진출하는 기회로 삼게 하여 문호를 개방했다. 이는 지방 세력의 유력자를 단순히 경주에 볼모로 잡아두는 신라의 상수리 제도와 비슷하면서도 다른 대목이었다.

왕건은 고려에 반대하는 호족 세력의 이탈을 방지하고 화합을 추구하기 위해 각 지역 호족의 딸들과 결혼하는 혼인정책을 폈다. 사실상의 혼인동맹이라고 할 만큼 중요한 일이었다. 혼인을 통해 각지의 호족들과 연합하고, 그 연합을 통해 왕권을 강화하고 중앙집권화의 초석을 다지려 했다. 대표적인 예가 충주 세력을 끌어들이기 위해 충주의 호족 유긍달의 딸과 결혼한 일이었다. 셋째 부인인 유씨(劉氏)는 신명황후로 봉해졌다. 왕건은 총 29명의 부인을 두었는데, 그중에서 신명황후와의 사이에는 왕자 다섯 명과 두 명의 공주를 두었다.

왕건은 국가적인 차원에서 숭불정책을 추구했다. 절을 많이 짓고 승려들이 불도를 닦는 데 매진할 수 있도록 나라에서 지원했다. 전란으로 피폐해진 백성들이 종교를 통해 심리적 안정감을 누릴 수 있게 하는 데 주안점을 두었다. 또한, 신앙 안에서 백성들이 하나로 결집하는 구심점 역할을 함으로써 호국불교로 승화하는 데 역점을 두었다.

왕건이 국가적 사업 가운데 가장 역점을 두었던 것은 북진 정책이었다. 왕건의 지지 기반은 대부분 패서 지역의 고구려계 유민들로 구성된 토착 호족들이었다. 이들은 외세에 의한 고구려 멸망 이후 도읍지인 평양성의 황폐한 모습을 보며 항상 분루를 삼켜왔다. 옛 고구려 땅인 요동벌의 수복이야말로 뼛속 깊이 새겨진 희구요, 열망이었다. 그 점을 잘 알고 있던 왕건은 평양을 개경 못지않은 중요한 도시로 중시했으며 북쪽으로 진출할 수 있는 거점 도시로 만들고자 했다.

"이제부터 평양을 대도호부로 삼을 것이다."

왕건은 이렇게 선포한 뒤 사촌동생 왕식렴을 도호부사로 삼아 광평시랑 열평과 함께 평양으로 보냈다. 왕식렴과 열평에게 황폐한 평양을 다시 일으켜 세우고 군사를 주둔시켜 외적의 침공을 방비할 것을 명했다. 또한, 평양을 서경으로 승격시켜 고구려의 옛땅을 수복하기 위한 교두보로 삼았다.

발해의 멸망 이후 대동강 일대에는 외부의 힘이 미치지 못하는 상황이 얼마간 지속되었다. 왕건은 이때를 놓치지 않고 청천강 이남까지 공략해 영토를 넓혔다. 나아가, 서쪽의 안북부(지금의 평남 안주)와 안수진(지금의 평남 개천)으로부터 동쪽 영흥만(지금의 원산만)의 화주(지금의 영흥)를 연결하는 선과 맞물리는 대동강 유역의 마탄까지 영토를 넓혔다.

후삼국을 통일한 지 6년 만인 942년, 거란의 황제가 고려에 사신 서른 명을 보내 화친을 청했다. 중원의 후진을 치기 전에 고려와 화친을 맺어 후방의 위협을 없애고자 함이었다. 사신은 낙타 50마리를 태조 왕건에게 바쳤다.

"너희 거란은 친하게 지내던 발해를 멸망시킨 무도한 나라다. 우리 고려는 신의를 저버린 거란과 화친할 수 없다!"

왕건은 불같이 노여워하며 거란의 사신들을 섬으로 유배 보냈다. 낙타는 만부교 아래에 묶어 두어 모조리 굶겨 죽였다. 왕건은 거란을 적대시했으나 중국 왕조와는 원만하게 지냈다. 또한 주변의 여러 소국을 조공국으로 삼아 황제국으로서의 위상을 드높였다. 이처럼 고려는 개방적인 세계관을 바탕으로 국력이 더욱 강성해지고 문화가 융성해졌다. 교역을 위해 멀리 사라센 제국의 상인들까지 개경에 드나들기 시작하면서 고려의 이름은 세계 만방에 널리 퍼지게 되었다.

즉위 26년째에 접어들었을 때, 왕건은 태자들에게 열 가지 유훈을 남겼다. 왕건은 훈요십조에서 "당나라의 풍속을 억지로 따르지 말고 거란의 풍속을 배격할 것, 서경을 중요시할 것, 연등회나 팔관회 등의 불교 행사를 소홀히 하지 말 것, 황제가 된 자는 쓴 충고에 귀 기울이고 아첨은 멀리하며, 백성들의 민심을 얻을 것" 등을 강조했다. 평생을 전쟁터에서 보낸 그는 북방 개척을 미완의 과제로 남겨둔 채 943년 7월, 66세의 나이로 세상을 떠났다.

나는 왕건이다

 나는 왕건이다. 내가 태어나 성장하던 때는 격변의 시기였다. 천 년 세월의 유장함을 간직한 신라가 서서히 침몰하는 중이었고, 그 틈을 타서 각지의 호족들이 세력을 형성해 장군과 성주를 자처하던 혼란의 시대였다.

 평범한 나날이 되풀이되던 내 인생에 전환점이 주어진 것은 궁예가 송악 땅에 진출해온 뒤부터였다. 아버지는 패서 지역 호족들의 평안을 위해 우리 가문이 다스리던 송악을 궁예에게 바치는 과감한 결단을 내렸다. 나는 그때 갓 스물의 패기 넘치는 젊은이였다. 궁예는 그런 나에게 송악에 발어참성을 쌓게 하며 성주의 지위를 내렸다.

 그때부터 나는 고구려 계승 의지를 표방하며 후고구려

를 건국한 궁예의 오른팔로 살았다. 그가 가라면 가고, 오라면 왔다. 그가 험지로 보내면 나는 기꺼이 가서 적들과 싸웠다. 전쟁터를 누비는 것이 나의 일상이었다. 함께 생사고락을 같이하는 이들이 내 전우이자 형제였다. 국가의 목표와 내 삶의 목표가 일치했기에 어떠한 고난이나 역경도 초개처럼 여길 수 있었다.

생사가 걸린 전장에 나서면서도 나는 어릴 적 아버지나 글공부 선생에게서 배웠던 군자의 도리만큼은 잊지 않았다. 늘 평정심을 유지하는 것, 넓은 마음을 갖추려 애쓰는 것, 너그러운 품성을 지니기 위해 노력하는 자세, 이 세 가지는 반드시 지키고자 했다. 세월이 흐르면서 이것은 나를 나답게 만드는 요소로 자리 잡았다. 이 때문에 많은 사람이 나를 포용력이 큰 사람이라고 평가해 주었다. 전장에서 휘하 장병들을 지휘할 때나 적과 대치하는 급박한 상황일 때는 물론이고, 시중이라는 높은 벼슬에 올라 국무를 주관하게 되었을 때도 나는 이러한 마음가짐으로 일을 공명정대하게 처리하고자 했다.

나는 일찍이 아버지로부터 배워서 새기게 된 성현의 말

씀을 삶의 지침으로 삼았다. 백성들을 자애로 감싸는 애민 정신, 상대방을 끌어안는 포용 정신은 내가 가장 소중히 여기는 덕목 가운데 하나였다. 아버지가 돌아가신 뒤 나는 호족의 지위와 가업을 물려받았다. 아버지가 그랬듯이, 나 또한 내가 거느린 식솔들을 따뜻하게 돌보며 이끌어가고자 했다. 훗날 후삼국을 통일하고 고려 왕조를 개창한 뒤에도 애민 정신을 나라를 다스리는 근본으로 삼았다.

견훤은 일찍이 완산주에서 후백제를 건국했다. 궁예는 그 1년 후 송악을 도읍으로 하여 후고구려를 건국했다. 나라를 개국한 그 두 사람의 남다른 기개와 국량은 아무나 흉내 낼 수 있는 것이 아니었다. 이처럼 쟁쟁한 두 영웅과 내가 어깨를 나란히 하게 되었다는 것은 실로 기묘한 일이 아닐 수 없었다.

물론, 그 당시 나는 궁예 휘하의 장수였기에 견훤과 치열하게 싸워야만 하는 처지였다. 나는 후백제와 싸우면서 승전하는 경우가 많았으나, 견훤의 기습을 받아 겨우 목숨을 건지는 절체절명의 위기 속에 떨어지기도 했다.

전투 경험이 쌓이면 쌓일수록 후삼국시대의 전체적인 판도가 저절로 눈앞에 그려졌다. 처음에는 단지 궁예의 휘하 장수로서 고구려의 영광을 되찾는 국가적인 목표를 향해 달려 나가기만 했다. 하지만 어느 순간부터는 전란으로 피폐해진 백성들의 삶이 눈에 들어오기 시작했다. 나는 왜 전장에 나아가 적을 베어야 하는가, 성읍을 점령하고 난 다음에는 무엇을 해야 하는가 하는 근원적인 물음이 생겼다.

신라가 무너져 가는 데는 골품제도의 탓이 컸다. 태어날 때부터 왕족이나 귀족인 자들은 타인을 배제하며 부와 권력을 독점하는 것을 당연하게 여겨왔다. 뛰어난 학식과 재능을 갖춘 6두품들은 고위 관료가 되는 길이 원천적으로 막혀 있었다. 사회가 고르게 기능할 수 있는 장치가 없으니 내부적으로 허약해지고 썩어 갈 수밖에 없었다.

신라의 왕족과 귀족들은 사치와 방탕을 일삼았으며 관리들은 백성들을 짓누르고 세금을 과도하게 거두어 가는 데만 혈안이 되어 있었다. 그러다 보니 나중에는 나라의 곳간이 텅텅 비게 되었다. 살기가 팍팍해진 백성들은 거지나 도적이 될 수밖에 없었다. 큰 도적이 성을 빼앗아 성주 노릇을 해도 이를 토벌하러 갈 군대마저 없었다. 오히려, 도적을 잡으라고 군사를 붙여 파견한 나라의 관리는 세력을 형성해 장군을 자처했다. 하대 신라 사회에서 활개를 치던 군웅들은 모두 이러한 경로로 독자 세력을 형성하여 호족이 된 사람들이었다. 이 모든 게 국정 철학의 바탕에 애민 정신을 두지 않아서 생긴 일이라 해도 과언이 아니었다.

  이 같은 혼탁한 상황 속에서 견훤과 궁예는 각각 후백제, 후고구려의 창업 군주가 되어 새 시대를 열어 갔다. 그러나 한때 천하를 호령하던 그들이 초심을 잃고 변질되어 가는 과정을 지켜보는 것은 안타까웠다. 용맹하고 거침없던 견훤이 아들 신검에게 폐위되어 금산사에 유폐되었을 때, 나는 마치 집안의 큰형님이 곤경에 처한 것같은 비애를 느꼈다. 궁예가 철원으로 천도한 뒤 관심법으로 사람들을 함부로 심판하는 모습을 보고서 공포와 모멸감에 사로잡혔다. 그럴수록 나는 그들을 반면교사 삼아 몸과 마음을 바로 세워야겠다고 거듭 다짐했다.

고백하건대, 나는 견훤과 궁예가 나보다 대단한 영웅이라고 믿어왔다. 남들은 오랜 시간 동안 전쟁터를 누빈 나를 필승의 장군, 전쟁의 신이라고까지 칭송하지만 빈손으로 시작해 군대를 끌어모아 나라를 개국한 그들의 업적에는 분명 걸출한 데가 있었다. 하지만 야생마처럼 질주하던 궁예와 견훤에게도 어느덧 빛나는 시절이 가고 몰락의 계절이 왔다.

바로 그 순간, 나에게도 생애 전체를 판가름할 만한 결단의 시기가 오고야 말았다. 내가 모시던 군주인 궁예가 폭정의 화신이 되어 수많은 대신을 학살하고 심지어 처자식까지 죽이는 만행을 저질렀다. 바로 그때 나를 따르던 신숭겸, 복지겸 등의 장수들이 나를 임금으로 받들겠다며 찾아와 거사를 일으켜 달라고 요청했다.

나는 깊은 번민 끝에 그들의 뜻을 받아들였다. 소년 시절의 나에게 도선 대사가 들려준 '군주민수(君主民水)'의 일화를 떠올렸기 때문이었다. 공자께서 노나라의 임금 애공의 물음에 "임금은 강물 위에 떠 있는 배이며 백성은 강물입니다. 강물은 배를 띄우기도 하지만 배를 뒤집을 수도 있습니다."라고 답했다는 가르침이 그 순간 강렬하게 뇌리를 스쳐 지나갔던 것이다.

나의 주군이 살인귀가 되어 미쳐 날뛸 때, 이를 그대로 두면 장차 나라를 환란에 빠지게 하여 국가를 패망하게 할 게 분명했다. 잘못된 것은 바로잡아야 하며 화근은 도려내야 한다. 한 인간에 대한 충의는 지난 40년 동안 전란 속에서 보낸 나의 생애로 가름하면 충분했다. 그보다 더 큰 것은 국가의 존망과 백성들의 안위였다. 그것을 지켜내는 것이 더 큰 뜻이었다.

그날 밤, 나는 휘하 장수들과 더불어 거사를 일으켜 궁예를 몰아내고 황위에 올랐다. 보위에 오른 나는 국호를 고려라 했고, 하늘에서 내려준 것을 받았다는 뜻에서 연호를 천수(天授)라 지어 만조백관 앞에서 발표했다. 아울러, 그동안 책을 통해서 깨우쳤던 애민 정신을 국정 운영의 첫 번째 시금석으로 삼아 조세정책과 흑창제도를 시행했다. 전란 속에서 배고픔과 설움을 겪던 백성들에게 구휼책을 내놓는 것이야말로 가장 필요한 정책이라 생각했기 때문이었다.

오랫동안 제2인자로 살아온 내가 한 나라의 황제가 되어 뜻을 펼치게 된 것은 그야말로 하늘이 준 선물이 아닐 수 없었다. 하지만 당장 시급한 것은 분열된 사회를 통합해야 하는 과제였다. 내가 혼인 정책을 폈던 것은 지방 권력을 움켜쥔 호족들을 끌어들여 하나의 완전한 국가의 원형을 만들기 위함이었다. 그리고 고구려를 계승하고 부흥하겠다는 뜻을 관철하기 위해 북진 정책을 펴나갔다. 이는 고구려 유민의 혈통을 지닌 선대의 염원이자 패서 지역민들의 간절한 바람이었다. 이것을 국가 정책 차원으로 승화시키고자 황폐화된 평양을 개척해 서경으로 승격시킴으로써 고토 수복의 전진 기지로 삼았다.

후대인들이여! 돌이켜보면, 나는 고구려의 웅장한 포부를 가슴속에 품고 일생을 살아왔다. 뜻을 품은 사람의 가슴은 쪼갤 수 없다. 설령 쪼갠다 해도 그 뜻만큼은 남들이 포획할 수 없다. 언젠가 기회를 되면 그 뜻이 활짝 날개를 펴고 창공을 훨훨 날아갈 것이기 때문이다.

나의 지나온 발자취가 어떠했는지는 이미 다 알고 있을 것이다. 이쯤에서 세상을 먼저 살았던 사람으로서 한

마디 조언을 들려주고자 한다. 나는 평생 2인자로 살면서 맡은바 소명을 착실히 이행해왔다. 그러다가 어느 날 갑자기 뜻하지 않게 하늘 문이 열리는 기적을 체험할 수 있었다. 그리하여 주인공으로서 살 수 있는 기회와 맞닥뜨리게 되었다. 그 기회는 누구에게나 공평하게 열려 있다.

그러나 선물처럼 찾아온 그 기회가 전적으로 혼자만의 노력으로 주어진 것이 아니라는 것만은 기억해야 한다. 그 기회 속에는 보이지 않는 곳에서 나를 위해 애를 쓴 다른 누군가의 정성과 수고와 희생이 분명히 깃들어 있는 것이다. 그것을 잊지 않기 위해서는 겸손한 마음을 지니고 다른 이를 인정하며 받아들이는 애민 정신과 포용 정신을 키워야 한다. 삶이 때때로 힘들고 어려울 때마다 이 말을 때때로 떠올리며 용기를 내었으면 한다.

한국 인물 500인 선정위원회 (가나다 순)

위원장: 양성우(시인, 前 한국간행물윤리위원장)

위원: 권태현(소설가, 출판평론가), 김종근(前 홍익대 교수, 미술평론가), 김준혁(한신대 교수, 역사), 김태성(前 11기계화사단장), 박상하(소설가), 박병규(민화협 상임집행위원장), 배재국(해양대 교수, 수학), 심상균(KB국민은행 금융노동조합연대회의 위원장), 오세훈(씨알의 소리 편집위원), 오영숙(前 세종대학교 총장, 영어학), 윤명철(前 동국대 교수, 역사), 이경식(작가, 번역가), 이경철(前 중앙일보 문화부장, 문학평론가), 이덕수(시민운동가, 시인), 이덕일(순천향대 교수, 역사), 이동순(영남대 명예교수, 시인), 이순원(소설가), 이종걸(이회영기념사업회장), 이종문(前 계명대 학장, 시조시인), 이중기(농민시인), 장동훈(前 KTV 사장, SBS 북경특파원), 하만택(코리아아르츠그룹 대표, 성악가), 하응백(前 경희대 교수, 문학평론가)

한민족의 정체성을 만든 인물들을 통해, 삶의 지혜와 미래의 길을 연다.

[고대] 배달 민족의 얼인 고대 동아시아 지배자

나는 치우천황 이다

대동 세상을 열려는
너희 본디 마음이 나 치우다

"나는 천산산맥 넘어 해 뜨는 밝은 곳을 향해 내려와
신시 배달국을 열었다. 너도 하느님 나도 하느님, 너도 왕이고
나도 왕이니 서로서로 섬기는 대동 세상 터를 닦고 넓혀왔다.
하여 뭇 생명이 즐겁고 이롭게 어우러지는 세상을 열려는
너희 본디 마음이 곧 나일지니."
- 치우천황이 독자에게 -

이경철 지음 | 값 14,800원

[근세] 현모양처의 대명사인 한 여성의 삶과 꿈

나는 사임당 이다

많이 알려졌어도 실제
내 삶을 아는 사람은 드물구나

"나만큼 많이 알려진 인물도 없다. 그러나 나만큼 제대로
알려지지 않은 인물도 없다. 율곡의 어머니, 겨레의 어머니,
현모양처의 모범과 교육의 어머니로 많이 알려졌어도
실제 내 삶이 어떠했는지 아는 사람은 거의 없다.
나는 내 삶을 바르게 살고 싶었을 뿐이다."
- 사임당이 독자에게 -

이순원 지음 | 값 14,800원

[근대] 지킬 것은 굳게 지킨 성인군자 보수의 표상

나는 퇴계 다

'완전한 인간'을 위한
자기 단련의 길이 나 퇴계다

"나는 책이 닳도록 수백 번을 읽었다. 그랬더니 글이
차츰 눈에 뜨였다. 주자도 반복해서 독서하라고
이르지 않았던가? 다른 사람이 한 번 읽어서 알면,
나는 열 번을 읽는다. 다른 사람이 열 번 읽어서
알게 된다면, 나는 천 번을 읽었다."
- 퇴계가 독자에게 -

박상하 지음 | 값 14,800원

근대 | 보수의 대지 위에 뿌린 올곧은 진보의 씨앗

바꾸자는 개혁의 길
너의 생각이 나 율곡이다

나는 **율곡**이다

"나라는 겨우 보존되고 있었으나, 슬픈 가난으로
시달리는 백성들은 온통 병이 깊어 숨이 넘어갈
지경이었다. 백척간두에 선 채 바람에
이리저리 위태롭게 흔들리고 있었다.
내가 개혁을 외치고 나선 이유다."
- 율곡이 독자에게 -

박상하 지음 | 값 14,800원

현대 | 모국어로 민족혼과 향토를 지켜낸 민족시인

깊은 슬픔을 사랑하라

나는 **백석**이다

분단의 태풍 속에서 나는 망각의 시인이었다.
하지만 한국의 독자들은 다시 내 시에 영혼의 불을 지폈다.
나는 언제나 외롭고 높고 쓸쓸한 시인이다.
- 백석이 독자에게 -

이동순 지음 | 값 14,800원

현대 | 남북한과 동서양의 화합을 위해 헌신한 삶과 음악

남북통일과 세계의 화합과
평화를 염원하며 작곡했다

나는 **윤이상**이다

"나는 남한과 북한, 동양과 서양, 고전과 현대의 경계에 서서
화합을 모색해 왔다. 우리 민족혼을 바탕으로 민주화와
통일을 갈망했고 세계가 전쟁과 핵 공포에서 벗어나
평화와 평등의 세상으로 나가기를 바랐다.
내 음악은 이 모든 염원의 표상이다"
- 윤이상이 독자에게 -

박선욱 지음 | 값 14,800원

한국 인물 500인 신간 소개

근대 | 삼한갑족 노블레스 오블리주의 대명사

나는 이다

동서고금을 통해 해방운동이나 혁명운동은 자유와 평등을 추구하는 운동이었다.

"한 민족의 독립운동은 그 민족의 해방과 자유의 탈환을 뜻한
이런 독립운동은 운동 자체가 해방과 자유를 의미한다.
태고로부터 연면히 내려온 인간성의
본능은 선한 것이다."
- 이회영이 독자에게 -

이덕일 지음 | 값 14,800원

근대 | 육성으로 직접 들려주는 독립군의 장군 일대기

나는 다

내가 오지 말았어야 할 곳을 왔네, 나를 지금 당장 보내주게

야 이놈들아, 내가 언제 내 흉상을 세워 달라 했었나.
왜 너희 마음대로 세워놓고, 또 그걸 철거한다고 이 난리인가
내가 오지 말았어야 할 곳을 왔네. 나를 지금 당장 보내주게.
원래 묻혔던 곳으로 돌려보내주게.
나는 어서 되돌아가고 싶네.
- 홍범도가 독자에게 -

이동순 지음 | 값 14,800원

고대 | 신화가 아니라 실재했던 한겨레의 국조

나는 이다

서로 잘 어우러져 하나가 되는 홍익인간 공공사회를 일구었노라

"나는 임금이 되어 우리 겨레를 홍익인간의 삶으로 이끌려 애썼
그러면서도 자연의 원리에서 떠나지 않으려 했다.
융통성을 바탕으로, 공동체를 사안에 따라 매우
유연하고도 능란하게 운영하려고 했다. 반란과 대홍수를
이겨내고 모두 하나가 되는 공공사회를 일구었노라."
- 단군왕검이 독자에게 -

박선식 지음 | 값 14,800원

근세 | 여성 최초 상인 재벌과 재산의 사회 환원

나는 김만덕이다

가난을 돌이킬 수 없는 수치로 여겨라

"어진 사람이 나랏일에 간여하다가도 절개를 위해 죽는 것이나,
선비가 바위 동굴에 은거하면서도 세상에 이름을
떨치게 되는 건, 결국 자기완성이 아니겠느냐.
여성의 몸으로 내가 상인으로 나선 이유도
이와 다르지 않다."
- 김만덕이 독자에게 -

박상하 지음 | 값 14,800원

고대 | 민족의 고대사를 개창한 건국 여제

나는 소서노다

내가 바로 고구려, 백제를 건국한 왕이다

"나는 졸본부여의 왕재로 태어나, 추모와 함께 고구려를
건국하였으며 다시 두 아들과 함께 남하하여 백제를 건국하였다.
역사서에 나를 일컬어 왕이라 하지 않았으나,
엄연히 나라를 개창하여 백성들을 위한 정치를 펼쳤으니
더 이상 나의 존재를 부정할 수 없으리라."
- 소서노가 독자에게 -

윤선미 지음 | 값 14,800원

고대 | 신라의 중흥을 이룬 대장군

나는 이사부다

위대한 장수는 싸우지 않고 이기는 전투를 한다

전장에서 적을 베는 것보다 싸우지 않고 이기는 장수가
지혜로운 장수다. 적국의 백성도 나라를 달리하면
모두 제 나라의 백성이다. 권력을 탐하는 자는
신의를 저버리나 백성은 그저 순리에 따를 뿐이니,
현명한 장수는 백성을 살리는 전투를 한다.
- 이사부가 독자에게 -

김문주 지음 | 값 14,800원

한국 인물 500인 신간 소개

근대 식민지시대 대중문화운동의 진정한 선구자

나는 이다

너희가 '황성옛터'를 아느냐

나라 잃은 시대, 나는 민족 저항의 노래인 '황성옛터'
한 곡으로 겨레의 영혼에 불을 지폈다.
그 불이 꺼지지 않고 오늘에 이르렀다.
지금 그 불꽃은 꺼졌는가?
여전히 활활 타고 있는가?
- 왕평이 독자에게 -

이동순 지음 | 값 14,800원

근대 꺾이지 않는 마음으로 행동했던 시인

나는 이육사다

인간다운 삶을 위한 해방,
완전한 독립을 위하여!

"나는 꺾이지 않는 마음이다. 의열단 군관학교 출신의 독립운동
비밀요원으로, 감옥에서 죽어가는 순간에도 시를 썼던 시인으로,
내가 꿈꾸었던 것은 자유롭고 평화로운 세상이었다.
인간다운 삶을 위한 해방, 완전한 독립을
완성하는 것은 이제 그대들의 몫이다."
- 이육사가 독자에게 -

고은주 지음 | 값 14,800원

중세 귀주대첩으로 고려를 구한 구국의 영웅

나는 강감찬이다

11세기 동북아의 국제질서를 뒤흔들어놓은 귀주대첩

"거란의 2차 침입 때 대신들이 항복을 말했지만
나는 항복은 안 된다고 외쳐 위기를 넘겼다. 동북면병마사,
서경유수로 재직하면서 거란의 재침에 철저히 대비한
나는 거란의 3차 침입 때 귀주 벌판에서 적을 전멸시켰다.
고려는 막강한 저력을 바탕으로 거란, 송나라와
대등한 외교를 펼치며 평화를 누렸다."
- 강감찬이 독자에게 -

박선욱 지음 | 값 14,800원

고대 | 신화적인 삶을 산 한민족사의 큰 어른

나는 조선인이고, 부여인이며, 고구려인이다

여러분의 말 속, 정신 속에는 나의 삶이 조금씩 배어 있다.
조상이 무엇인가? 역사의 거름이 되는 게 아닌가?
어려운 시기가 오고 있네만 나를 거름으로 삼아
후손들을 위해 맑고 기름진 거름이 되게나.
- 해모수가 독자에게 -

나는 해모수다

윤명철 지음 | 값 14,800원

현대 | 타는 목마름으로 연 민주화와 흰 그늘의 길

더 나은 세상을 위해 진흙창 속에 핀 연꽃, 십자가가 되려 했다

"나는 개벽을 향한, 부활을 향한 민중의 고통에 찬
전진 속에서, 내게 주어진 진흙창 삶 속에 피우는 연꽃이
되려 꿈꿨다. 내게 주어진 십자가를 지고 민중과 함께
있기를 소망했다. 민중의 한 사람인 내가 꿈꾼 이런 소망이
어느 시대, 어느 세상에서든 좀 더 나은 세계로 건너가는
징검다리 돌 하나가 됐으면 좋겠다."
- 김지하가 독자에게 -

나는 김지하다

이경철 지음 | 값 14,800원

현대 | 백석 시인을 사랑했던 조선권번 기생

저는 백석 시인의 뜨거운 사랑을 받았습니다

그 험하고 가파른 세월을 무탈하게 살아올 수 있었던 것은
오로지 제 나이 22세 때 만나 서로 뜨겁게 사랑했던
백석 시인의 고결한 영혼 덕분입니다.
- 김자야가 독자에게 -

나는 김자야다

이동순 지음 | 값 14,800원

한국 인물 500인 신간 소개

현대 — 대한민국 현대사의 격랑 속에서 소설이 된 사람

증오는 사랑과 연민이 되고, 나는 결국 소설이 되었다

나는 **박완서**다

"나의 인생과 소설에 담긴 역사를 바라봐주면 좋겠다.
내 안의 '양반 의식', '아줌마 정신',
'빨갱이 트라우마'를 온전히 바라봐주면 좋겠다.
그렇게 나를 기억해주면 좋겠다."
- 박완서가 독자에게 -

이경식 지음 | 값 14,800원

중세 — 고려의 자주국 수호를 천명한 여걸

자주국 고려의 위상은 내가 지킨다

나는 **천추태후**다

"'나의 고려가 외국에 사대하는 것을 원치 않았다. 성종이
내려놓은 고려의 위상을 반드시 되돌려 놓아야 한다고
다짐했다. 그것이 태조 왕건의 유조에 따라
고려가 자주국이자 황제국으로서, 세상 그 어떤 나라도
넘보지 못할 대국으로 거듭날 수 있는 유일한 방법이라
여겼으니 이것이 내가 목종을 대신하여 섭정한 이유다."
- 천추태후가 독자에게 -

윤선미 지음 | 값 14,800원

단체 | 분야별 — 조선왕조 5백 년을 이끈 5대 명문가의 이야기

집안이 어려워도 낙담해선 안 되고 공부가 쓸모없다고 관두어서도 안 된다

나는 **삼한갑족**이다

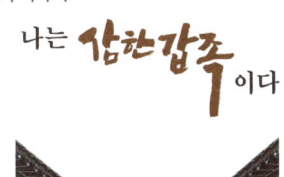
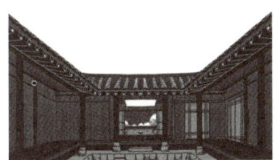

딱한 처지에 놓일지라도 민망하게 여기지 않고,
귀한 신분에 올랐음에도 교만하지 않을 뿐더러,
참혹한 화를 당해도 위축되거나
운명에 흔들려선 안 된다.
- '삼한갑족'이 독자에게 -

박상하 지음 | 값 14,800원

현대 | 시작부터 남달랐던 삼성을 키워낸 또 다른 재才의 세계

자본도 경험도 없이 역사 앞에서 첨단산업으로 지구촌을 지배하다

나는 이병철이다

"나는 어떤 큰 자본을 갖고 시작한 게 아니었다. 별다른 기술이나 남다른 경험이 있었던 것도 아니었다. 인맥이나 학맥조차 따로 가졌던 게 아니었다. 미래는 소심하게 머뭇거리는 자의 것이 아니라 용기 있게 나서는 자의 것이라는 신념 하나만으로 세상에 내 자신을 내던졌던 것이다."
- 이병철이 독자에게 -

박상하 지음 | 값 14,800원

현대 | 자본도, 기술도, 경험도 없이 현대를 키워낸 신념의 세계

폐허와 공허 속에서 오로지 맨주먹으로 현대를 일으켰다

나는 정주영이다

"나는 물려받은 유산도, 마땅한 기술도, 변변한 경험조차 없이, 한 치 앞을 내다보기 어려운 역사의 격랑 속으로 뛰어들지 않으면 안 되었다. 거기에다 선발 자본이나 기업에 비하면 턱없이 뒤늦은 출발이 아닐 수 없었다. 젊은 날의 나는 그저 이름 없는 무명의 선수로 어렵사리 출발 선상에 등장할 수 있었을 따름이다."
- 정주영이 독자에게 -

박상하 지음 | 값 14,800원

중세 | 통일 왕조의 군주로 우뚝 선 온건한 지도자

10세기 한반도의 분열을 딛고 통일국가 고려를 개국한 창업 군주

나는 왕건이다

"나는 후삼국 통일을 위한 최후의 전쟁에서 승리한 뒤 고려를 건국했다. 고구려 계승 의지를 선포하며 북방정책을 펼쳤고 백성들의 구휼에도 힘썼다. 발해 유민들을 끌어안고 지방 호족들을 통합하여 민족의 융합과 동질성 회복을 위해 최선을 다했다."
- 왕건이 독자에게 -

박선욱 지음 | 값 14,800원